PRIX : 50 CENTIMES — LIBRAIRIE DE MICHEL LÉVY FRÈRES, RUE VIVIENNE, 2 BIS — PRIX : 50 CENTIMES

CARTOUCHE

DRAME NOUVEAU EN CINQ ACTES (HUIT TABLEAUX)

PAR

MM. Adolphe D'ENNERY ET Ferdinand DUGUÉ

REPRÉSENTÉ POUR LA PREMIÈRE FOIS, A PARIS, SUR LE THÉATRE DE LA GAITÉ, LE 29 DÉCEMBRE 1858

DISTRIBUTION DE LA PIÈCE.

CARTOUCHE................	MM. DUMAINE.	PREMIER BOURGEOIS................	MM. JEANNIN.
GRIBICHON................	PERRIN.	DEUXIÈME BOURGEOIS................	VICTORIN.
FRANÇOIS BEAUDOUIN........	CH. PERRY.	L'OFFICIER................	MALLET.
LE COMTE D'ORBESSAN........	LACRESSONNIÈRE.	JEANNETTE................	Mlles A. MONGEAL.
LE MARQUIS DE GRANDLIEU, chevalier du Guet.	DERVILLE.	LOUISE DE GRANDLIEU................	DESMONT.
CHARLOT, paysan...........	ALEXANDRE.	UNE MARCHANDE..............	HÉLOISE.
L'ÉVEILLÉ, voleur...........	LAEMAIRE.	PREMIÈRE PAYSANNE.............	MATHILDE.
DOUBLEMAIN, idem...........	FRANCISQUE jeune.	DEUXIÈME PAYSANNE.............	LÉONIE.
MITOUFLET, fruitier...........	LEQUIEN.	UNE MARCHANDE DE FLEURS......	HENRIETTE.
GERMAIN................	AUBRY.	SOLDATS DU GUET, MARÉCHAUSSÉE, PAYSANS, PAYSANNES, MARCHANDS,	
UN VOLEUR................	CHEVALIER.	MARCHANDES, BOURGEOIS, VOLEURS.	

— Droits de représentation, de reproduction et de traduction réservés. —

ACTE PREMIER.

PREMIER TABLEAU.

Un carrefour de Paris, en 1721.

SCÈNE PREMIÈRE.

L'ÉVEILLÉ, DOUBLEMAIN, GRIBICHON, voleurs, BOURGEOIS.

(Il fait nuit. — Au lever du rideau, Charlot est endormi sur un banc. — Un voleur fait la courte échelle à un de ses camarades qui ouvre une fenêtre après avoir brisé une vitre et s'introduit dans la maison. On entend un coup de sifflet de voleur, auquel deux autres répondent au loin. L'Éveillé entre avec précaution par la droite. — Un bourgeois entre par la gauche. — L'Éveillé s'approche du bourgeois, le salue, lui montre le canon d'un pistolet. — Le bourgeois se met à trembler et lui donne sa bourse. — L'Éveillé le salue très-respectueusement. — Le bourgeois sort par la droite. — L'Éveillé se met sous un réverbère, et compte l'argent contenu dans la bourse. — Un deuxième bourgeois entre par la gauche. — Doublemain entre par la droite.)

DOUBLEMAIN, au bourgeois.
Pardon, Monsieur, quelle heure est-il s'il vous plait ?

LE BOURGEOIS.
Trois heures !

DOUBLEMAIN.
Trois heures ?.. c'est impossible... si vous regardiez à votre montre ?..

LE BOURGEOIS.
Au diable !.. (Il lui tourne le dos et va pour sortir.)

L'ÉVEILLÉ, l'arrêtant de l'autre côté.
Pardon, Monsieur, quelle heure est-il, s'il vous plait ?

LE BOURGEOIS.
Trois heures... (Il fait un pas pour s'en aller.)

L'ÉVEILLÉ.
Pas possible, vous avancez !..

CARTOUCHE.

DOUBLEMAIN.
C'est ce que je disais.

LE BOURGEOIS.
Eh bien, soit!.. j'avance... (Il cherche encore à s'esquiver.)

L'ÉVEILLÉ.
Ou bien, vous nous trompez... je demande à voir...

DOUBLEMAIN.
Oui, montrez la montre!

LE BOURGEOIS.
Et si je ne veux pas?.. ah!

L'ÉVEILLÉ.
Vous le voudrez... (Il lui présente un pistolet.)

LE BOURGEOIS.
Hein?

DOUBLEMAIN, même jeu.
Vous aurez cette complaisance...

LE BOURGEOIS, sortant sa montre en tremblant.
Il... il... est...

L'ÉVEILLÉ, prenant la montre.
Il est trop tard... rentrez chez vous, Monsieur.

DOUBLEMAIN.
Et ne faites pas de mauvaises rencontres, Monsieur. (Ils le saluent très-bas. — Le bourgeois se sauve. — Le voleur qui a escaladé la fenêtre en descend avec précipitation; un bourgeois y paraît presque aussitôt.)

LE BOURGEOIS.
Au voleur!.. au guet!.. au voleur!.. (Tous les voleurs entrent en scène.) Ah! voici du monde!.. à l'aide!.. emparez-vous de ce voleur!..

GRIBICHON.
Nous le tenons, Monsieur.

LE BOURGEOIS.
Je passe mes chausses, et nous le conduirons en prison.

GRIBICHON.
Inutile... ne vous dérangez pas, Monsieur, il est en fort bonnes mains.

LE BOURGEOIS.
Cependant... je veux...

GRIBICHON.
Allez vous coucher, brave homme, et si vous ne voulez voir brûler votre maison, dormez sur les deux oreilles.

LE BOURGEOIS.
Brûler ma... ma maison...

GRIBICHON, sévèrement.
Eh bien?..

LE BOURGEOIS.
Je... je vais... me coucher, Messieurs.

TOUS.
Bonsoir, Monsieur!.. (Ils le saluent.)

GRIBICHON, regardant à droite.
Chut!.. garde à vous!.. (Tous se taisent.)

UN GARDE DE NUIT, entrant.
Il est... quatre heures. Tout est tranquille... Parisiens... dormez... (Il sort et répète sa phrase dans la coulisse. — Tous les voleurs le suivent des yeux.)

GRIBICHON.
Parti!.., nous voilà maîtres chez nous.

L'ÉVEILLÉ, qui s'empêtre dans Charlot endormi.
Tiens!.. qui diable dort là?.. Eh! debout, l'homme, debout!..

CHARLOT, bâillant.
Ah!.. jarni!.. je m'étions endormi!.. Bonjour, Messieurs.

GRIBICHON.
Que fais-tu là?

CHARLOT.
Je cherche un racoleux.

TOUS.
Un racoleux?

CHARLOT.
Eh oui, je me suis bouté dans l'idée d'avoir de biaux habits avec des galons et un chapeau à cornes avec du d'or, pour être joli.

L'ÉVEILLÉ.
Imbécile!..

CHARLOT.
Eh! eh! eh!

GRIBICHON.
Pourquoi ris-tu?

CHARLOT.
Dame!.. j' ris... parce qu'il m'appelle imbécile... et que si j' m'engage, c'est parce que ma bonne amie m'a appelé imbécile itou.

GRIBICHON, le toisant.
Mouton maigre... rien à tondre.

CHARLOT.
Ma bonne amie, c'était la Rougeaude, la fille à Jean Piarre.

J'allions nous épouser, quand elle me planta là pour s'accorder au grand Jacques : « Quien, Charlot, mon gas, m' fit-elle tout bonnement, t'es trop bête et t'es trop laid. — Toi, la Rougeaude, t'es trop piaffeuse. — Va-t-en, imbécile! — Oui, jarnigoi, que j'm'en vas, et tout droit à l'armée; et pour me revancher, je n' reviendrai plus au pays que trompette ou général. » Hein! M'sieu, c'est la Rougeaude qui sera bien attrapée.

L'ÉVEILLÉ, qui a visité ses poches.
Absolument rien.

CHARLOT.
Où qu'y a des racoleux, Messieurs?

GRIBICHON.
Va au diable!

CHARLOT.
Je ne sais pas où que c'est?..

L'ÉVEILLÉ.
En route!

TOUS.
En route! (On le pousse dehors.)

CHARLOT.
Ah! ils ne sont pas toujours polis, les Parisiens! (Il sort.)

SCÈNE II.

LES MÊMES, moins CHARLOT.

L'ÉVEILLÉ.
L'heure approche, lieutenant Gribichon.

DOUBLEMAIN.
Oui, c'est aujourd'hui que Cartouche revient parmi nous, après une absence de trois mois. Crois-tu que le capitaine soit exact?

GRIBICHON.
Comment ne serait-il pas exact, lui qui a toujours les meilleures montres?... Il a dit : « Quand quatre heures du matin sonneront à Saint-Eustache, je serai au quartier général!.. » Il y sera! C'est ici que le rendez-vous doit avoir lieu; nous avons encore une demi-heure. Je vais faire ma ronde dans le quartier, et voir comment travaillent les amis. Attention, vous autres, et ouvrez l'œil! (Il s'éloigne.)

DOUBLEMAIN.
Toujours le même, le lieutenant Gribichon.

L'ÉVEILLÉ.
Ça ne croit à la probité de personne.

UN VOLEUR, au fond.
Quelqu'un!

DOUBLEMAIN.
Quelqu'un! Serait-ce un indiscret?..

L'ÉVEILLÉ.
Non, c'est un pigeonneau, je reconnais le plumage!

DOUBLEMAIN.
Nez au vent, tournure gauche, quelque provincial fraîchement débarqué du coche.

L'ÉVEILLÉ.
C'est de bonne prise. (Prenant un pistolet.) Amorçons!.. (Tous se cachent.)

SCÈNE III.

LES MÊMES, cachés; FRANÇOIS.

FRANÇOIS.
Comment trouver ma route avant le jour? Paris est si grand! Sarpedienne, la vilaine voiture que ces fiacres! J'en prends un en descendant du coche, pour arriver plus vite à la boutique de la cousine Jeannette, et, patatras! il verse à la première borne. Personne à qui demander mon chemin! Je ne suis pas trop rassuré; si j'allais rencontrer des voleurs! Maman Simonne m'a dit de me méfier, et je me méfie! De quel côté me diriger! Ma foi, au petit bonheur, suivons toujours tout droit. (Il va pour sortir à gauche; et recule devant le pistolet de Doublemain.) Hein!.., (Il se tourne vers la droite, et se trouve en face de l'Éveillé.) Ah! ah!.. (Se voyant entouré de voleurs qui lui barrent le passage et le menacent de leurs armes.) Voilà mon affaire!

L'ÉVEILLÉ, lui présentant un pistolet.
La bourse!..

FRANÇOIS, effrayé.
Hein?

DOUBLEMAIN.
La bourse!

L'ÉVEILLÉ.
Allons!

FRANÇOIS.
Voilà, Monsieur, voilà!.. (Il lui donne sa bourse.)

L'ÉVEILLÉ.
Combien y a-t-il là-dedans?

FRANÇOIS.
Dix pistoles, Monsieur !

L'ÉVEILLÉ, avec colère.
Dix pistoles ! Un homme comme vous n'a que dix pistoles dans sa bourse ?

FRANÇOIS, tremblant.
Je vous demande bien des pardons... Monsieur... si j'avais su avoir l'honneur de vous rencontrer... j'en aurais mis davantage...

L'ÉVEILLÉ.
Comment ! mille charretées de diables !.. vous exposez des honnêtes gens à se faire pendre pour dix pistoles ?

FRANÇOIS.
Il ne tient qu'à vous de me les rendre : ça sera comme s'il n'y avait rien eu de fait.

DOUBLEMAIN.
Vous ne savez donc pas que notre temps est précieux, et que, pendant que nous avons la complaisance de nous amuser à vous voler dix mauvaises pistoles, nous manquons peut-être l'occasion d'en voler mille à un autre.

FRANÇOIS.
Oh ! de cette façon-là, c'est vrai !.. ça fait neuf cent quatre-vingt-dix pistoles dont je vous fais tort.

DOUBLEMAIN.
Qu'avez-vous encore sur vous ?

FRANÇOIS.
Mais.. mon habit... et mes chausses... et le reste...

DOUBLEMAIN.
Donnez !

FRANÇOIS, ôtant son habit.
Voilà, Monsieur, voilà !.. C'est bien vieux, Monsieur ..

DOUBLEMAIN.
Oui, tout cela est vieillot... mal coupé, passé de mode... Bah ! gardez vos nippes.

FRANÇOIS.
Homme généreux ! Merci, homme généreux !

DOUBLEMAIN, lui prenant une bague.
Qu'est-ce que c'est que ça ?

FRANÇOIS.
C'est un bijou de famille.

DOUBLEMAIN.
Donnez, ce sera pour la dame de mes pensées ; et maintenant, croyez-moi, rentrez chez vous sans perdre une minute, crainte des voleurs.

FRANÇOIS.
Crainte des vol... Ah ! voilà un bon conseil ; mais il eût encore mieux valu il y a un quart d'heure. (Doublemain et les autres s'éloignent.) Ah ! j'en suis quitte pour dix pistoles et une bague fausse !.. Comme elle est fine, maman Simonne, et comme j'ai bien fait de me méfier des voleurs ; celui-là ne se doute pas que c'est moi qui viens de le voler.

SCÈNE IV.

FRANÇOIS, GRIBICHON.

GRIBICHON, à part.
L'Éveillé est un niais ! Son homme est un provincial, et on ne vient pas du fond de sa province à Paris avec dix pistoles. (Haut, et prenant l'accent gascon.) Qui est là ? n'est-ce pas un voleur ?

FRANÇOIS.
Non, Monsieur, c'est un volé.

GRIBICHON.
Un volé !... cadédis !...

FRANÇOIS.
Un simple volé. Je me nomme François Beaudouin, pour vous servir, et j'arrive de Bar-sur-Aube, par le coche, pour aller voir ma cousine, qui demeure rue Brise-Miche.

GRIBICHON.
Non loin de la rue Jean-Pain-Mollet.

FRANÇOIS.
A l'enseigne du *Chat-qui-Pêche*.

GRIBICHON.
Je vais justement de ce côté, et, si vous le voulez, je vais vous y conduire.

FRANÇOIS.
Trop de bonté, Monsieur !...

GRIBICHON.
Mais, puisque vous m'avez décliné vos noms et qualités, il est bon que j'en fasse autant. Moi, Monsieur, je suis le chevalier Raverdac de Grenouillac, et j'arrive en poste de Bordeaux, pour voir le roi, mon cousin.

FRANÇOIS.
Votre cousin !

GRIBICHON.
Issu de germain, Monsieur !.. et on a tenté de me dévaliser comme vous.

FRANÇOIS.
Ah ! vous avez fait aussi une mauvaise rencontre ?...

GRIBICHON.
Oui, cinq ou six coquins m'ont entouré là-bas en me demandant la bourse... mais, j'ai tiré ma colichemarde, j'ai volté, quarté, engagé, flanconné... j'en ai mis huit hors de combat, et les dix autres poltrons se sont sauvés comme quatorze lièvres.

FRANÇOIS.
Ah !... monsieur le chevalier, j'ai été moins heureux : on m'a dévalisé.

GRIBICHON.
Ah ! cadédis ! j'en suis ravi !...

FRANÇOIS.
Comment ça, ravi ?...

GRIBICHON.
Parce que c'est une occasion de vous obliger.

FRANÇOIS.
Moi, Monsieur ?...

GRIBICHON.
Ma bourse est à votre service... combien vous faut-il ?..

FRANÇOIS.
Mais, rien, Monsieur, rien du tout.

GRIBICHON.
Rien !... et comment ferez-vous pour vivre dans Paris ?... vous avez donc d'autres ressources... quelles ressources avez-vous ?...

FRANÇOIS, avec mystère.
Maman Simonne m'a dit : à Paris, il faut te méfier des voleurs, et je me méfie !.. On m'a dévalisé d'une petite somme, c'est vrai... mais...

GRIBICHON.
Mais ?..

FRANÇOIS.
Quand je suis parti, maman...

GRIBICHON.
Ah ! vous avez votre maman ?

FRANÇOIS.
Oh ! oui, Monsieur !...

GRIBICHON.
Vous êtes bien heureux d'avoir votre maman.

FRANÇOIS.
Elle m'a cousu cent louis d'or dans la doublure de ma veste, Ah !...

GRIBICHON.
Cent louis d'or !

FRANÇOIS.
Dans la doublure ! toute ma fortune, monsieur le chevalier.

GRIBICHON.
Là ?... dans cette doublure ?...

FRANÇOIS.
Eh ! oui !... comment trouvez-vous ça ?...

GRIBICHON.
Eh ! cadédis ! c'est très-ingénieux,...

FRANÇOIS.
N'est-ce pas que c'est très-ingénieux... nieux... Les voleurs de Paris sont bien fins, mais les honnêtes gens de Bar-sur-Aube ne leur cèdent en rien... et je me méfie.

GRIBICHON, à part.
L'Éveillé est un imbécile... j'avais flairé le magot, moi. (Haut, et de sa voix naturelle.) Savez-vous pourtant que je trouve fort indiscret de me dire cela, à moi, que vous ne connaissez pas ?

FRANÇOIS.
Avec vous, il n'y a pas de danger.

GRIBICHON.
Si j'étais un fripon par hasard ?

FRANÇOIS.
Oh !...

GRIBICHON.
Eh ! que sait-on ?... si je vous disais tout d'un coup : mon bonhomme, donnons les cent louis... allons, allons, les cent louis d'or !...

FRANÇOIS, étonné.
Si vous me... disiez... (Se rassurant.) Mais vous ne me le dites pas, vous êtes le chevalier de Raverdac... vous êtes un...

GRIBICHON.
Et si j'ajoutais : je n'ai pas de temps à perdre... Eh ! vite !... la bourse ou la vie !...

FRANÇOIS, tremblant.
Si vous ajoutiez ça... mais... eh ! eh ! eh !... c'est pour rire, n'est-ce pas... c'est pour rire ?...

GRIBICHON.
Eh ! mille tonnerres !...

FRANÇOIS, *sortie.*
Ah bah!...

SCÈNE V.

LES MÊMES, JEANNETTE, PORTEURS DE FRUITS.

GRIBICHON, *à part.*
Du monde!... (*Haut et reprenant l'accent gascon.*) Eh! mille tonnerres!... vous m'avez pris pour un filou?

FRANÇOIS.
Moi!... oui, non... Eh bien! c'est ma foi vrai, là... et j'ai même eu peur.

GRIBICHON, *à part.*
Jeannette!... diable!... respect à celle-là, c'est l'ordre du capitaine. (*Il sort.*)

JEANNETTE, *aux porteurs de fruits.*
Attendez-moi donc, vous autres.

LES PORTEURS.
Oui, mam'selle Jeannette.

FRANÇOIS.
Jeannette!... Ah! mon Dieu, si c'était... eh! oui... c'est bien elle, je ne me trompe pas... Bonjour, cousine.

JEANNETTE.
François!...

FRANÇOIS.
Eh! oui... Monsieur, je vous présente... Tiens, où est-il donc passé le cousin du roi?...

JEANNETTE.
Allez faire l'étalage, vous autres, je vous rejoins tout à l'heure. (*Les porteurs sortent.*) Comment... toi, à Paris?

FRANÇOIS.
Je suis arrivé par le coche; j'ai versé en fiacre; en cherchant ta boutique j'ai trouvé des voleurs, je viens de rencontrer un cousin du roi... je te conterai tout ça... mais, d'abord, il faut que je t'embrasse: pour moi, une... (*Il l'embrasse.*) Pour la vieille mère Simonne, deux!... (*Il l'embrasse.*) Pour la cousine Robineau, trois!... (*Il l'embrasse.*) Pour le cousin Gelinotte, pour... attends, j'ai la liste... (*Il tire un papier de sa poche.*) Ils sont quarante-deux, je vais t'embrasser pour eux tous... et je te les nommerai après.

JEANNETTE.
Comment!... quarante-deux fois?...

FRANÇOIS.
Mais dame!... ils m'ont tous dit: « Embrasse-la bien pour moi... »

JEANNETTE.
Nous règlerons ce compte-là plus tard.

FRANÇOIS.
Je veux bien... mais d'où viens-tu donc si matin?...

JEANNETTE.
Du quai aux fruits; j'ai acheté ce qu'il y a de plus beau, et le patron sera content de moi.

FRANÇOIS.
Chère Jeannette! toujours jolie et fraîche et laborieuse...

JEANNETTE.
Et toi, toujours bon.

FRANÇOIS.
Toujours bête!

JEANNETTE.
Brave cœur, va! mon Dieu! mon Dieu! nous avons tant de choses à nous dire que nous ne savons par où commencer.

FRANÇOIS.
Es-tu heureuse?

JEANNETTE.
Mais oui... assez... le patron est un peu sévère, un peu brutal, mais il a confiance en moi et me laisse la haute main dans son commerce.

FRANÇOIS.
Et les galants?...

JEANNETTE.
Oh! ils ne badinent pas...

FRANÇOIS.
Vrai?

JEANNETTE.
La Halle est le rendez-vous des grands seigneurs qui viennent s'y divertir, et c'est, je te l'avoue, à qui me cajolera; mais je leur ris au nez le plus vaillamment du monde.

FRANÇOIS.
Comment, tu n'es pas un peu amoureuse?

JEANNETTE.
Mais non... pas trop.

FRANÇOIS.
Tu as remarqué quelqu'un?

JEANNETTE.
Personne!...

FRANÇOIS.
Voyons, ne mens pas. Tu sais bien que je suis ton frère par le cœur.

JEANNETTE.
C'est vrai!

FRANÇOIS.
Au pays, nous nous disions tout.

JEANNETTE.
Eh bien, un jour que mon patron me grondait injustement, un homme qui passait par là, par hasard peut-être, prit mon parti avec tant de chaleur et tant de bienveillance que je me sentis tout émue. J'ai revu cet homme plusieurs fois, mais j'ignore son nom et sa qualité. Il y a trois mois, vers le soir, j'étais seule dans ma boutique, il est entré brusquement, m'a pris les mains avec effusion, et m'a dit: « Ne m'oubliez pas, je pars... » Puis, il s'est éloigné d'un pas rapide, et je n'ai plus jamais entendu parler de lui... Voilà tout le roman de la pauvre Jeannette.

FRANÇOIS.
Tu l'aimes, ma bonne fille?

JEANNETTE.
J'en ai bien peur.

FRANÇOIS.
Alors, tu dois beaucoup souffrir de son absence.

JEANNETTE.
Je m'étourdis, je travaille, je chante, et ma franche gaieté reprend souvent le dessus; et puis, je me raisonne, vois-tu, je me dis que c'est sans doute un gentilhomme, qu'une grande distance sépare de la marchande de fruits, et que, ne voulant pas être sa maîtresse, elle ne pourrait jamais devenir sa femme.

FRANÇOIS, *rêveur.*
Oui, je vois... la distance.

JEANNETTE.
Bah! laissons là ces folles pensées, et parlons du pays maintenant, de cette belle métairie des Ormes, où s'est passée notre première enfance. Est-ce bien changé, là-bas, depuis que je suis en condition?

FRANÇOIS.
Tout est comme autrefois, il y a toujours des mûres dans la haie du clos, des grenouilles dans la mare aux joncs, des grillons dans la cheminée noire, et maman Simonne a encore son rouet...

JEANNETTE.
Ah! l'heureux temps, cousin, que celui où nous allions garder les chèvres avec la petite demoiselle du château, Louise de Grandlieu, la sœur de lait.

FRANÇOIS, *tristement.*
Oh! oui, bien heureux temps, Jeannette! bien heureux!

JEANNETTE.
Comme tu dis cela avec tristesse!

FRANÇOIS.
Mais non... je t'assure.

JEANNETTE, *à part.*
Hum! il y a quelque chose. (*Haut.*) J'en étais un peu jalouse, de ta sœur de lait! Tu ne la quittais pas d'un instant dans nos longues promenades; tu lui déichais les plus beaux nids; tu écartais devant elle toutes les pierres du sentier; et je me souviens qu'une fois tu t'es trouvé mal tout de ton long, parce qu'elle s'était piqué le doigt en cueillant des mûres.

FRANÇOIS, *avec douleur.*
Ah! vraiment... tu te rappelles ça?

JEANNETTE.
Eh bien! est-ce que tu vas recommencer?

FRANÇOIS.
Moi?... par exemple!

JEANNETTE.
Elle promettait d'être bien jolie, elle doit avoir tenu parole. Réponds-moi donc?

FRANÇOIS.
Jolie!... oh! oui... mais bonne, surtout, bien bonne.

JEANNETTE.
Habite-t-elle encore les Ormes?

FRANÇOIS.
Non, elle est à Paris.

JEANNETTE.
Ah! elle est à Paris?

FRANÇOIS.
Son père s'était retiré de la magistrature, mais Son Altesse le régent, qui a besoin d'un bras fort et d'un cœur intègre pour venir à bout des malfaiteurs, a nommé M. de Grandlieu chevalier du guet; M. de Grandlieu a emmené sa fille avec lui, et depuis ce jour-là...

CARTOUCHE.

JEANNETTE.
Depuis ce jour-là, tu es triste, tu es malheureux, et dans ce moment, tu as des larmes dans les yeux.
FRANÇOIS.
N'y fais pas attention, Jeannette, j'ai comme ça des soucis de temps en temps.
JEANNETTE.
Pauvre garçon !
FRANÇOIS.
Ah ! oui... pauvre garçon !... Mais dame ! que veux-tu ?... Là-bas, aux Ormes, je voyais ma sœur de lait à chaque instant. M. de Grandlieu me recevait comme l'enfant de la maison. Je m'étais habitué à cette vie-là ; je me figurais naïvement qu'elle devait durer toujours, et je n'aurais jamais demandé autre chose au bon Dieu !... Ah ! aussi, quand Louise est partie, ça m'a porté un fameux coup !... mais j'ai tâché de me faire une raison, et comptant sur le travail pour me consoler, je suis entré chez un procureur de Bar-sur-Aube, où j'ai griffonné jour et nuit. Oh ! mais griffonné à en devenir fou ! En ai-je gâté de ce papier timbré !... Enfin, je me suis aperçu bientôt que je ne respirais plus, que j'étouffais, que c'était de l'air et du soleil que j'étais privé, et je me suis mis en route en me disant : Bah ! mourir pour mourir, j'aime mieux que ce soit près d'elle.
JEANNETTE, à part.
Voilà un cœur encore plus malade que le mien. (Haut.) François, aie confiance, tout marchera bien. Tu as sagement fait de venir trouver tout de suite la cousine Jeannette, qui est quelquefois de bon conseil.
FRANÇOIS.
C'est vrai, tu m'as tout réconforté... J'irai voir Louise dès qu'il fera jour.
JEANNETTE.
Oui, oui... mais en attendant, il faut que tu te reposes : viens avec moi jusqu'à la boutique, je donnerai un coup d'œil à l'étalage, et après je te conduirai moi-même chez le plus honnête logeur du quartier.
FRANÇOIS.
Dis-moi, cousine, est-ce que tu ne crains pas de rencontrer des voleurs.
JEANNETTE.
Des voleurs ?... moi !... je ne sais pas comment ça se fait, mais je n'ai jamais été arrêtée, et cependant je parcours la ville à toute heure de jour et de nuit... Et, ce qu'il y a de plus singulier, quand je passe, les gens à mine suspecte s'effacent le long des murs et me tirent poliment leur chapeau.
FRANÇOIS.
Tiens !.. Qu'est-ce que ça veut donc dire ?
JEANNETTE.
Eh ! mon Dieu, ils devinent que je suis pauvre.
FRANÇOIS.
Ils auraient bien dû en deviner autant pour moi.
JEANNETTE.
Allons, viens, cousin, partons.
FRANÇOIS.
Partons, cousine. (Ils sortent bras dessus, bras dessous. Au moment où ils s'éloignent, les voleurs rentrent de toutes parts, avec précaution.)

SCÈNE VI.

LES VOLEURS, puis CARTOUCHE.

GRIBICHON.
L'homme aux cent louis est sous la protection de la jolie marchande, mais je le repincerai plus tard.
DOUBLEMAIN.
Est-ce que l'heure n'est pas passée ? ma montre dit quatre heures cinq minutes.
GRIBICHON.
Impossible ! puisque Cartouche n'est pas là, c'est que ta montre avance... (On entend sonner les quarts de l'heure à l'horloge de l'église.)
DOUBLEMAIN.
Et l'horloge avance-t-elle aussi ?
GRIBICHON.
Chut !... (Comptant.) une... deux... trois...
TOUS.
Quatre heures...
CARTOUCHE, entrant.
Et me voilà.
TOUS.
Cartouche !...
CARTOUCHE.
Eh bien ! est-on content de me revoir ici ?
TOUS.
Vive le capit...
CARTOUCHE.
Chut !... une patrouille ! (On entend le pas régulier des soldats.)
TOUS, très-bas.
Vive le capitaine !
CARTOUCHE, écoutant la marche.
Partis... Allons, je vois avec plaisir que les traditions du guet n'ont pas changé, il est toujours où nous ne sommes pas.
GRIBICHON.
Toujours, capitaine.
CARTOUCHE.
J'espère qu'on va fêter dignement mon retour.
GRIBICHON.
Certes, j'ai commandé en ton honneur un grand festin au Pistolet.
CARTOUCHE.
Dans ce bouge infect de la Courtille, patrie du vin bleu et des gibelottes douteuses ? Ah ! fi !... je ne veux plus, ni pour vous ni pour moi, de ces sales orgies de cabaret. Que voulez-vous, mes enfants ? j'ai contracté à Londres des habitudes de luxe et de confort dont j'aurai beaucoup de peine à me défaire... Ainsi donc, ce n'est pas par vous que la fête sera donnée, c'est par moi ; et dans l'un des plus magnifiques hôtels de Paris !...
Oui, j'ai appris par hasard que la petite maison du duc de Soubise était à vendre, et j'ai fait la folie de l'acheter un million !...
TOUS.
Un million !...
CARTOUCHE.
Sur parole ! je n'ai besoin de l'immeuble que pour vingt-quatre heures ; pour conclure aisément cet achat, j'ai emprunté le nom de lord Asthon, un nabab de Hide-Park... Toujours est-il que l'hôtel Soubise m'appartient pour l'instant ; il ne reste plus qu'à le garnir de meubles.
GRIBICHON.
C'est facile.
CARTOUCHE.
En dévalisant sept ou huit magasins ?
GRIBICHON.
Naturellement !
CARTOUCHE.
Non, nous perdrions trop de temps, et puis je craindrais que tout cela ne se trouvât mal appareillé, de mauvais goût... Il faudrait choisir dans Paris le gentilhomme qui possédât le mobilier le plus élégant et le plus riche à la fois... Voyons, lequel de ces messieurs nommerais-je mon tapissier en chef.
GRIBICHON.
Le choix te sera facile, la plupart des brillants seigneurs de la cour viennent le matin se divertir près d'ici, à la Halle ; nous les connaissons tous, tu désigneras qui tu voudras.
CARTOUCHE.
C'est cela. Et maintenant, camarades, pour que la fête soit digne de Cartouche et de sa bande, chargez-vous de porter à l'hôtel de Soubise les provisions dont nous aurons besoin, et au prix ordinaire.
GRIBICHON.
C'est-à-dire, gratis...
CARTOUCHE.
Choisissez les meilleurs vins, les plus beaux poissons, les plus merveilleuses volailles... force primeurs, surtout, je vous recommande les primeurs... Au marché, mes gaillards, au marché !
TOUS.
Au marché !... (Ils s'éloignent de différents côtés.)
CARTOUCHE.
A propos, Gribichon, il me semble que l'effectif de ma troupe a diminué beaucoup en mon absence ?
GRIBICHON.
Nous sommes tous mortels.
CARTOUCHE.
Qu'est devenu Fond-de-Cale ?
GRIBICHON.
Embarqué pour la seconde fois... il rame sur les galères de sa majesté Louis XV.
CARTOUCHE.
Et Brise-Mâchoire ?...
GRIBICHON.
Il rame aussi !...
CARTOUCHE.
Tu t'occuperas de remplir et de compléter nos cadres.
GRIBICHON.
Oui, capitaine.
CARTOUCHE.
Celui que je regrette le plus, car il me divertissait beaucoup, c'est le nommé Simon l'Auvergnat, cette espèce d'idiot qui n'a jamais soupçonné que nous fussions des voleurs, et qui nous

faisait la courte échelle en croyant que nous grimpions chez nos maîtresses. Est-ce qu'il rame aussi celui-là? (Gribichon fait signe qu'il a été pendu.) Alors, il a fini par se douter du métier qu'il faisait.
GRIBICHON.
Pas le moins du monde.
CARTOUCHE.
Ah! pour le coup, en voilà un qu'il sera difficile de remplacer.
GRIBICHON.
Je le crois, capitaine.

SCÈNE VII.
CARTOUCHE, GRIBICHON, CHARLOT.
CHARLOT.
Un capitaine... v'là mon affaire!... Bonjour, m'sieu le capitaine... V'lez-vous m'enrôler?
CARTOUCHE, bas, à Gribichon.
Ah! ah! ah! il tombe bien, le pataud...
CHARLOT.
J' veux être militaire, quoi!
CARTOUCHE.
Eh! qu'est-ce que ça me fait?
CHARLOT.
Ça vous fait, m'sieu l' capitaine, qu' vous allez m'enrôler.
CARTOUCHE, bas, à Gribichon.
Il y tient.
GRIBICHON, de même.
Eh bien, enrôle-le!
CARTOUCHE, riant.
Au fait?
CHARLOT, à Gribichon.
Ah! je vous reconnais, vous; et pisque vous le connaissez, priez donc m'sieu le capitaine avec moi.
CARTOUCHE.
Je l'enrôle.
CHARLOT, sautant de joie.
Jarniguè! j' suis soldat du roi!
CARTOUCHE, bas à Gribichon.
Je crois qu'il est encore plus stupide que ce pauvre Simon l'Auvergnat... Gribichon, je te le livre.
GRIBICHON.
Il est en bonnes mains.
CHARLOT.
Sans vous commander, m'sieu l' capitaine, oùs qu'est la caserne?...
CARTOUCHE.
Le lieutenant va t'y conduire. (Bas à Gribichon.) Emmène-le à l'hôtel Soubise, et tâche de l'entretenir dans son erreur, je suis curieux de voir jusqu'où ira sa bêtise.
CHARLOT, à Gribichon.
Allons, vite, M'sieu... j' suis pressé d'avoir mon biau costume.
GRIBICHON, à part.
Oui, compte sur moi pour l'habiller! Ah! diable! (bas à Cartouche.) J'aurais voulu, avant de partir, dénicher les cents louis d'un naïf provincial qui vient de descendre du coche, M. François Beaudouin.
CARTOUCHE, bas.
François Beaudouin? de Bar-sur-Aube?
GRIBICHON, de même.
Oui!
CARTOUCHE, de même.
Il est ici à Paris?
GRIBICHON, de même.
Tu le connais?
CARTOUCHE, de même.
François? mon camarade d'enfance, mon ami de collège!... Écoute bien, Gribichon, et répète-le aux autres! Si l'un de vous s'avise jamais de toucher à un cheveu de ce François-là, foi de Cartouche, je fais sauter la cervelle du coquin.
GRIBICHON.
C'est donc comme pour la petite Jeannette?
CARTOUCHE.
Jeannette!...
GRIBICHON.
Est-ce qu'elle est aussi ton camarade de collège, celle-là?
CARTOUCHE.
Souviens-toi et obéis.
GRIBICHON.
Allons, c'est dit... (A Charlot.) Viens, imbécile!...
CHARLOT.
Eh! eh! eh! (Suivant Gribichon.) Il a tout d' même l'air d'un bien honnête homme. (Cris au dehors.)

CARTOUCHE.
Ah! ah! on crie au voleur! mes provisions sont faites. (Plusieurs voleurs traversent le théâtre poursuivis par des marchands; tumulte, mêlée, intermèdes comiques.)

SCÈNE VIII.
CARTOUCHE, D'ORBESSAN, MARCHANDS et GENTILSHOMMES.
LES MARCHANDS.
A la garde! au voleur!.. où est le guet? où sont les sergents?... on m'a pris mon poisson!... mes volailles!... mon gibier.
CARTOUCHE, à part.
Bravo! me voilà sûr de bien souper!
LES MARCHANDS.
Au voleur! à la garde! (s'adressant à d'Orbessan et aux gentilshommes.) Justice, mes bons seigneurs, justice!
D'ORBESSAN.
Eh! sarpejeu, pauvres diables, nous ne pouvons que vous plaindre... nous ne sommes pas gens d'uniforme, nous... (Montrant Cartouche.) Mais, tenez, adressez-vous à Monsieur, qui est officier aux mousquetaires : par ordre du secrétaire d'État, M. Leblanc, cet honorable corps est tenu d'aider et suppléer, en pareil cas, les archers et sergents à robe courte.
LES MARCHANDS, à Cartouche.
Justice, Monsieur, justice! nous sommes volés, indignement volés!
CARTOUCHE.
Calmez-vous, braves gens, et surtout criez moins; il faudra d'abord rédiger vos plaintes par écrit, alléguer des preuves, citer des témoins, ensuite, on verra, on instrumentera. (Les marchands s'éloignent avec des murmures.)
D'ORBESSAN.
Toujours des délais!... Ah! Monsieur, vous faites votre devoir, je le veux bien, mais, sarpejeu, vous le faites avec une lenteur qui commence à m'agacer terriblement les nerfs!... Si je m'en mêlais, moi, je serais plus expéditif que ça, j'en réponds!..
CARTOUCHE.
Croyez-vous?
D'ORBESSAN.
C'est que ce brigandage devient intolérable, à la fin!... les voleurs nous ont gâté l'Opéra, les Gobelins, les Porcherons, et voilà qu'ils nous gâtent les Halles, à présent!
CARTOUCHE.
C'est fort triste, j'en conviens.
D'ORBESSAN.
Il est véritablement incroyable qu'on n'ait pas encore exterminé cette bande.
CARTOUCHE.
Le meilleur moyen d'en venir à bout, serait de s'emparer du chef.
D'ORBESSAN.
Certainement!
CARTOUCHE.
Oui; mais c'est là le difficile!
D'ORBESSAN.
Allons donc!
CARTOUCHE.
Ce chef, il faut bien l'avouer, n'est pas un gibier commode à prendre.
D'ORBESSAN.
M. Cartouche?... dire qu'on a fait à ce drôle un certain renom de bravoure et de bravoure!.. mais ce n'est qu'un fripon de dixième ordre, ses ruses sont grossières, ses vols sont bêtes, et, quant au courage, ah! j'ai des palefreniers qui lui rendraient des points!... M. Cartouche! mais je me chargerai, quand on le voudra, de l'arrêter par le bout de l'oreille et de le conduire moi-même à la potence.
CARTOUCHE.
Vous feriez cela?
D'ORBESSAN.
Rien qu'avec le pouce et l'index.
CARTOUCHE.
Ah! Monsieur, ce serait rendre un bien grand service à l'État!.. prenez donc, Monsieur, prenez-le vite, ce sacripant!.. Vous me voyez rempli d'admiration pour ce que vous venez de dire; et j'ai hâte de connaître le nom d'un aussi vaillant gentilhomme.
D'ORBESSAN.
Comte d'Orbessan.
CARTOUCHE.
Vous êtes le comte Hector d'Orbessan?.. Oh! mais alors, rien ne m'étonne plus, car je ne sais pas de nom plus illustre et mieux porté.

D'ORBESSAN.
Monsieur!...
CARTOUCHE.
Personne ne possède, ni à Paris, ni à Versailles, une réputation plus méritée de noblesse, de courage et d'élégance.
D'ORBESSAN.
Vous me comblez, Monsieur.
CARTOUCHE.
Vous ne sauriez croire combien j'étais désireux de vous connaître, et, d'honneur, si je ne vous eusse rencontré, j'aurais poussé l'indiscrétion jusqu'à me présenter chez vous... un soir...
D'ORBESSAN.
Pardon... mais je n'ai pas l'avantage.
CARTOUCHE.
Étourdi que je suis de ne pas m'être encore nommé... Saint-Ange de Villiers, major aux gardes françaises...
D'ORBESSAN, bas à ses amis.
Bonne noblesse de Lorraine.
CARTOUCHE.
Eh! tenez, monsieur le comte, l'occasion se présente de lier connaissance aujourd'hui même... Vous allez trouver peut-être l'invitation un peu brusque, mais elle est si cordiale que vous m'excuserez. Je traite ce soir chez moi, hôtel Soubise, quelques amis de choix, et vous seriez mille fois gracieux de vous joindre à nous... avec ces messieurs bien entendu.
D'ORBESSAN.
Mais volontiers... (Aux gentilshommes.) n'est-ce pas?
TOUS.
Volontiers.
CARTOUCHE.
Merci!.. Vous serez, je m'y engage, en très-bonne compagnie... nous reparlerons de Cartouche, et je serais le plus heureux des hommes si vous pouviez me donner les moyens d'arrêter ce faquin...
D'ORBESSAN.
Je vous les donnerai.
CARTOUCHE.
J'y compte... Ah! la délicieuse garde que vous avez là... Vous permettez?.. C'est d'un ciselé, d'un fini... (Il touche d'une main l'épée de d'Orbessan et de l'autre fouille dans sa poche.) Comme cela, ce misérable Cartouche ne s'est jamais attaqué à vous?
D'ORBESSAN.
Croyez-vous qu'il oserait?..
CARTOUCHE.
Non, certes!... (A part, lui enlevant sa bourse.) Tu n'es pas au bout.
D'ORBESSAN.
A l'hôtel Soubise, avez-vous dit?.. j'y serai ce soir, dès mon retour de Versailles.
CARTOUCHE.
Ah! vous allez à?...
D'ORBESSAN.
Je pars dans l'instant.
CARTOUCHE, à part.
A merveille!.. C'est toi qui seras mon tapissier... (On entend de nouvelles rumeurs.)
D'ORBESSAN.
Qu'est-ce encore que cela?

SCÈNE IX.

Les mêmes, FRANÇOIS, JEANNETTE, MITOUFLET.

JEANNETTE, pleurant.
Grâce! patron, ce n'est pas ma faute.
MITOUFLET.
Je te dis que tu vas venir chez le prévôt!
JEANNETTE.
Chez le prévôt?.. mais je ne suis pas une voleuse, moi!..
CARTOUCHE, à part.
Jeannette!
D'ORBESSAN.
La belle Jeannette!
MITOUFLET.
Oui, mes bons Messieurs, Jeannette qui m'a laissé voler pour cent écus de fruits.
JEANNETTE.
Hélas! je n'étais pas là quand on les a pris.
MITOUFLET.
Tu devais y être, et d'ailleurs tu es à mes gages et tu réponds de la marchandise. Donc, si tu ne veux pas aller chez le prévôt, donne-moi cent écus.
JEANNETTE.
Je vous les donnerai, patron, mais plus tard, quand je les aurai amassés par mon travail.

MITOUFLET.
Il me les faut tout de suite, où je te mène en prison.
JEANNETTE, pleurant.
En prison!.. Oh! mon Dieu! mon Dieu!
CARTOUCHE.
Oh! pauvre enfant.
D'ORBESSAN.
Fruitier Mitouflet, vous êtes un animal.
CARTOUCHE.
Un bélître!.. un drôle, et je ne sais qui me retient...
JEANNETTE, à part.
Lui!.. il est revenu!
D'ORBESSAN.
N'ayez pas le malheur de toucher cette jeune fille du bout de vos grosses mains rouges, et attendez que je vous jette mon argent par le nez... Mademoiselle Jeannette me permettra de lui prêter cette misère.
JEANNETTE.
Mais, Monsieur...
CARTOUCHE.
Pardon, pardon, monsieur le comte, c'est moi qui veux venir en aide à cette jeune fille, et je ne souffrirai pas...
D'ORBESSAN.
Vous ne souffrirez pas? allons donc... J'ai eu le premier l'idée, et... (Il cherche sa bourse.)
CARTOUCHE.
Eh bien, soit!.. (A part.) Cherche, mon ami, cherche.
D'ORBESSAN, fouillant dans ses poches.
Eh bien? où donc est ma bourse?.. Ah! sarpejeu!.. j'ai oublié ma bourse!
CARTOUCHE.
C'est ce qui arrive souvent... Je croyais tout à l'heure avoir oublié la mienne... et je l'ai retrouvée. (Il s'approche de Jeannette et laisse tomber une poignée d'or dans son tablier.)
JEANNETTE.
C'est trop, Monsieur, je ne veux que ce que je dois, et je vous le rendrai bientôt, cet argent.
FRANÇOIS, accourant.
Bientôt, Jeannette, tu vas le rendre tout de suite... ma fille.
CARTOUCHE, à part.
François!
FRANÇOIS.
Quand je suis là, moi, ton cousin, ton ami, je ne veux pas que tu reçoives un service de personne... Est-ce que je n'ai pas la cachette de maman Simonnée?.. Tenez, voilà votre argent; toi, Jeannette, rends vite l'autre. (Pendant que François compte la somme à Mitouflet, Jeannette rend à Cartouche l'or qu'il lui a donné.)
JEANNETTE.
Merci, Monsieur... je n'oublierai jamais ce que vous venez de faire... (A part.) Oh! non, jamais!... (François s'approche d'eux.)
CARTOUCHE, à part.
S'il allait me reconnaître, me nommer... (Il détourne la tête.)
FRANÇOIS.
A présent, ma Jeannette, donne-moi ton bras et allons-nous-en, tête haute, comme d'honnêtes gens que nous sommes!.. Merci de la politesse, Messieurs... Adieu, marchand de prunes. (Ils sortent par le fond.)
CARTOUCHE, à d'Orbessan.
A ce soir, monsieur le comte!
D'ORBESSAN.
A ce soir!
GRIBICHON, bas.
Capitaine, les provisions sont à l'hôtel, il ne manque plus que les meubles.
CARTOUCHE, de même. Il désigne d'Orbessan, qu'une bouquetière vient d'arrêter.
Tu vois ce gentilhomme?
GRIBICHON.
M. le comte d'Orbessan?
CARTOUCHE.
C'est mon tapissier.
GRIBICHON, aux autres voleurs qui l'entourent.
Voilà le tapissier!
TOUS LES VOLEURS.
Le tapissier!

ACTE DEUXIÈME.

DEUXIÈME TABLEAU.

Un élégant boudoir.

SCÈNE PREMIÈRE.

CARTOUCHE, GRIBICHON, VOLEURS.

GRIBICHON, aux voleurs qui emménagent.
Allons!... allons!... dépêchons!... bien!

CARTOUCHE, entrant.

A merveille! voilà les salons et les antichambres au grand complet; il ne nous reste plus à terminer que l'ameublement de mon boudoir. (A des voleurs qui apportent des meubles.) Ici les consoles... le chiffonnier là... le secrétaire en face... cette pendule sur la cheminée... avec des girandoles... Cet Apollon en face de cette Diane... et ces vases Médicis sur les consoles... Très-bien!... Décidément, ce comte d'Orbessan est un homme de goût; avez-vous encore quelque chose à placer?

GRIBICHON.
Deux tableaux seulement.

CARTOUCHE.
Que représentent-ils?

GRIBICHON.
Un vieux et une vieille.

CARTOUCHE.
Nos ancêtres!... On les accrochera ici respectueusement.

GRIBICHON.
Allez chercher les vieux.

CARTOUCHE.
Non, au fait..., j'ai changé d'idée... on n'apportera ces toiles qu'au moment où je les demanderai. Allez! (Les voleurs sortent. A Gribichon.) Qu'a-t-on laissé à l'hôtel d'Orbessan?

GRIBICHON.
Les quatre murs... nous ne pouvions pas les emporter, sans ça...

CARTOUCHE.
Alors, l'expédition s'est bien passée?

GRIBICHON.
A la douce.

CARTOUCHE.
Vous n'avez été dérangés par personne.

GRIBICHON.
Ma foi, non!

CARTOUCHE.
Le guet... la maréchaussée...

GRIBICHON.
Invisibles...

CARTOUCHE.
Et les domestiques du comte?

GRIBICHON.
On a graissé la patte à quelques-uns et ils sont tous partis folâtrer à la foire Saint-Laurent.

CARTOUCHE.
C'est bien, je suis content de toi! Avoir transporté pour cent mille écus de meubles de la petite rue du Bac, où demeure M. d'Orbessan, à la rue Grange Batelière, où me voici; ah! vive Dieu! c'est un coup de maître! On n'oubliera pas de long-temps la rentrée de Cartouche dans la bonne ville de Paris, et le noble comte s'en souviendra mieux que personne. Tout le monde est à son poste?

GRIBICHON.
Tout le monde, de la cave au grenier! J'ai distribué à chacun de nos hommes l'emploi et le costume qui lui convenait le mieux.

CARTOUCHE.
Voyons un peu! (Il sonne; un laquais se présente aussitôt.) Pas mal!... ça promet. (Au laquais.) Prévenez mon intendant et mon suisse de se rendre ici. (Le laquais salue et sort.) Qui est l'intendant?

GRIBICHON.
Doublemain.

CARTOUCHE.
Et le suisse?

GRIBICHON.
L'Éveillé.

CARTOUCHE.
Eh! mais je n'avais pas encore remarqué votre costume, maître Gribichon; vous êtes splendide!

GRIBICHON.
J'ai trouvé ces défroques dans la garde-robe du comte; alors, nous nous les sommes partagées, moi et les hommes distingués de la bande.

CARTOUCHE.
Ah!... Et Charlot est-il du nombre?

GRIBICHON.
Fi donc!... j'ai mis le nigaud à la cuisine. (Le laquais introduit l'Éveillé et Doublemain.)

SCÈNE III.

LES MÊMES, DOUBLEMAIN, L'ÉVEILLÉ.

DOUBLEMAIN.
Je viens prendre les ordres de monsieur le marquis.

CARTOUCHE, à part.
Ils sont d'un sérieux admirable! (Haut.) Çà, Monsieur l'intendant, avez-vous envoyé mes invitations à l'élite de la société parisienne?

DOUBLEMAIN.
Oui, monsieur le marquis. On les a distribuées par centaines, du Marais au faubourg Saint-Germain.

CARTOUCHE.
Au nom du comte d'Orbessan, n'est-ce pas?

DOUBLEMAIN.
Au nom du comte, oui, monsieur le marquis.

CARTOUCHE.
Bien. Prodiguez partout les fleurs, les lumières, les orchestres, et que les rafraîchissements soient exquis, le souper merveilleux.

DOUBLEMAIN.
Oui, monsieur le marquis.

CARTOUCHE.
Ah!... Je vous ai dit que je voulais aussi un feu d'artifice.

DOUBLEMAIN.
On le dresse en ce moment sur la grande pièce d'eau.

CARTOUCHE.
Avez-vous fait éclairer à l'italienne la façade de l'hôtel?

DOUBLEMAIN.
Monsieur le marquis ne craint-il pas?...

CARTOUCHE.
Quoi donc? Illuminez, mon cher, illuminez.

DOUBLEMAIN.
Monsieur le marquis sera obéi.

CARTOUCHE.
Je veux que ma fête éblouisse Paris! Dès que M. le comte d'Orbessan arrivera, on aura soin de me prévenir, et vous le ferez conduire dans ce boudoir. A vous, suisse.

GRIBICHON, bas à l'Éveillé.
Baragouine, surtout.

CARTOUCHE.
Vous avez là un poste de confiance! puis-je compter sur vous?

L'ÉVEILLÉ.
Ya, monsir le marquis.

CARTOUCHE.
Vérifiez avec soin les lettres d'invitation, et, par respect pour mes hôtes comme pour moi, ne laissez entrer personne de douteux.

L'ÉVEILLÉ.
Fous bouvoir être bien dranquille, monsir le marquis.

CARTOUCHE.
Écartez les curieux.

L'ÉVEILLÉ.
Ya... afec cette beût bâtonne.

CARTOUCHE.
Surtout ne vous soûlez pas avec la valetaille.

L'ÉVEILLÉ.
Oh!... monsir le marquis, moi, bas aimer le fin di tout.

CARTOUCHE, le poussant du coude.
Es-tu laid, comme ça, animal!

L'ÉVEILLÉ.
Merci, capitaine. (Ils sortent. Cartouche et Gribichon restent seuls.)

CARTOUCHE.
Eh!... l'heure s'avance... M. d'Orbessan va venir, et il faut que je fasse un bout de toilette pour le recevoir. Attention! Tu sais que nous avons besoin, cette nuit, de toute ton adresse.

GRIBICHON.
Sois tranquille.

CARTOUCHE.
A tout à l'heure! (Il sort.)

Ah! M. d'Orbessan; vous nous traitez d'imbéciles et de poltrons; vous parlez de nous mener au gibet par le bout de l'oreille... Eh bien! mille diables!... nous allons rire!... (Entre Charlot en tenue de marmiton.)

SCÈNE IV.

GRIBICHON, CHARLOT.

CHARLOT, avec résolution.
Lieutenant, y faut que j' vous cause.

GRIBICHON.
Dépêche-toi, idiot.

CHARLOT.
J' sus enrôlé, dites?

GRIBICHON.
Parbleu!

CHARLOT.
Par ainsi, j' suis soldat du roi?... dites?

GRIBICHON.
Après?

CHARLOT.
Eh ben! foi d' Charlot, j' comprends rien à la caserne, j' comprends rien au régiment...
GRIBICHON.
Tu n'es pas forcé de comprendre.
CHARLOT.
J' me suis fait militaire pour avoir du d'or à mon chapeau... pour devenir un bel homme, et pour faire enrager la Rougeaude, et v'là qu'on m' baille un tablier au lieu d'uniforme, un bonnet d' coton au lieu d' chapiau, et au lieu d' sabre un tranche-lard!... Qué drôle et d' régiment!... Comment donc qu'y s'appelle, dites?
GRIBICHON.
La Compagnie franche.
CHARLOT.
Ah! bon!
GRIBICHON.
Nous marchons surtout de nuit, sans tambour ni....
CHARLOT.
Oui, oui...
GRIBICHON.
Nôtre capitaine commande un camp... volant.
CHARLOT.
Volant, bon!
GRIBICHON.
Et nos soldats sont entretenus... aux frais de la ville de Paris... Enfin, nous sommes un corps spécialement destiné à l'arrestation des voleurs...
CHARLOT.
Oui? Eh ben! tant mieux! Je les hais, moi, les voleurs!
GRIBICHON.
Va éplucher tes carottes.
LE LAQUAIS, au fond.
Voici le comte d'Orbessan qui entre dans l'hôtel.
GRIBICHON, poussant Charlot dehors.
A la cuisine, Charlot, à la cuisine.
CHARLOT.
Oui, lieutenant, je m'en retourne aux carottes. Qué drôle et d' régiment. (Il sort.)
GRIBICHON, sortant aussi.
Courons prévenir Cartouche! (L'Éveillé introduit d'Orbessan, qui regarde avec surprise autour de lui.)

SCÈNE V.

D'ORBESSAN, L'ÉVEILLÉ, puis CARTOUCHE.

L'ÉVEILLÉ.
Monsieur le comte est prié d'attendre ici quelques secondes.
D'ORBESSAN.
C'est bien! Tiens, voilà un meuble tout pareil au mien!
CARTOUCHE, entrant.
Soyez le bienvenu chez moi, monsieur le comte.
D'ORBESSAN.
Monsieur... (Il regarde avec surprise un groupe de bronze, et parle d'un air distrait.) Vous voyez... que je suis exact...
CARTOUCHE.
Et je vous en suis fort reconnaissant... Que regardez-vous donc ainsi?
D'ORBESSAN.
Moi... je... c'est bien étonnant!..
CARTOUCHE.
Quoi?
D'ORBESSAN.
Imaginez-vous que je trouve ici des meubles, et jusqu'à des objets d'art tout semblables aux miens.
CARTOUCHE.
Vraiment?.. Vous allez me rendre fier de cette conformité de goût...
D'ORBESSAN.
Mais, Dieu me pardonne, c'est mon groupe en bronze de Florence!
CARTOUCHE.
C'est charmant, n'est-ce pas?.. J'ai eu cela pour rien.
D'ORBESSAN, étonné.
Ah!
CARTOUCHE.
Comment trouvez-vous ces girandoles?.. C'est gracieux de forme, n'est-ce pas?
D'ORBESSAN.
Mais j'ai les pareilles!..
CARTOUCHE.
En vérité?
D'ORBESSAN.
Et voilà encore un Apollon comme chez moi.. une Diane

aussi... comme chez moi!.. Ah! pour le coup, c'est trop fort!.. c'est impossible!
CARTOUCHE.
Qu'avez-vous, cher comte?
D'ORBESSAN.
Monsieur, d'où vous vient cette mosaïque italienne?
CARTOUCHE.
Ma foi, je l'ignore...
D'ORBESSAN.
Eh bien! c'est moi, Monsieur, c'est moi-même qui l'ai commandée à Doyen! Voyez!... elle représente les armes de l'Amour.
CARTOUCHE.
Oui, oui...
D'ORBESSAN.
Remarquez cette guirlande de cœurs enflammés.
CARTOUCHE.
Très-joli! très-galant!
D'ORBESSAN.
L'idée m'en est venue d'une poésie fugitive... M'expliquerez-vous comment cette mosaïque se trouve ici?.. Notez que je l'ai payée un prix fou, à la condition qu'on n'en ferait pas une seconde...
CARTOUCHE.
Et on en a fait une seconde... ainsi va le commerce...
D'ORBESSAN.
C'est impossible, Monsieur, et je jurerais...
CARTOUCHE.
Regardez donc, monsieur le comte, il y a des deux côtés de cette glace un vide, qui, j'en suis sûr, n'existe pas chez vous.
D'ORBESSAN.
Chez moi, Monsieur, il est rempli par des portraits de famille.
CARTOUCHE.
Eh!.. j'ai précisément là les miens... (Il sonne.) Les portraits!.. (Des valets apportent des toiles qu'ils accrochent l'une après l'autre.)
Je ne sais plus si je rêve ou si je veille.
CARTOUCHE, montrant le premier portrait.
Ma tante, Monsieur...
D'ORBESSAN.
C'est ma tante la chanoinesse!
CARTOUCHE, montrant le second.
Mon oncle paternel!..
D'ORBESSAN.
C'est mon grand-oncle le commandeur!.. Ah! tenez, Monsieur, ne cherchez pas à m'abuser plus longtemps!.. cette preuve est décisive: on a vidé mon hôtel pour remplir celui-ci.
CARTOUCHE.
Vous avez deviné.
D'ORBESSAN.
Veuillez me dire alors...
CARTOUCHE.
Il s'agit d'une innocente plaisanterie.
D'ORBESSAN.
D'une plaisanterie!
CARTOUCHE.
Le coupable, monsieur le comte, en subira toutes les conséquences.
D'ORBESSAN.
Mais expliquez-vous donc!
CARTOUCHE.
Ce matin, vous avez été sévère pour le guet comme pour les voleurs. Le guet a voulu vous prouver qu'il n'était pas aussi maladroit que vous le supposiez... et moi, vous faisant dévaliser par mes hommes, j'ai tenu à vous montrer que vous n'étiez pas plus que personne à l'abri d'un coup de main.
D'ORBESSAN.
Je vous préviens, Monsieur, que cette explication ne me suffira pas...
CARTOUCHE.
Oh! mais ce n'est pas tout! Je ne me suis pas contenté de faire enlever vos meubles, je me suis permis de les visiter tous l'un après l'autre, et voici les lettres que contenait votre secrétaire.
D'ORBESSAN.
Vous avez osé!..
CARTOUCHE.
Parfaitement!.. Si vous saviez tout ce que j'ose, moi...
D'ORBESSAN.
Monsieur!..
CARTOUCHE.
Ce n'est pas encore tout... je les ai lues...
D'ORBESSAN.
Ces lettres!..

CARTOUCHE,

Toutes.
CARTOUCHE.
D'ORBESSAN.
Ah! c'en est trop!.. (Il lui arrache les lettres.)
CARTOUCHE.
Et j'ai surpris là de charmantes histoires d'amour...
D'ORBESSAN.
En garde!..
CARTOUCHE.
Alors, vous vous fâchez?
D'ORBESSAN.
Je vais vous tuer, Monsieur.
CARTOUCHE.
Oh!.. comme cela?.. tout de suite?..
D'ORBESSAN.
En garde!
CARTOUCHE.
Moi, monsieur d'Orbessan, je me contenterai de vous désarmer.
D'ORBESSAN.
Défendez-vous, ou je vous tue!..
CARTOUCHE.
Non, vous ne me tuerez pas, Monsieur... (Ils se battent; le comte est désarmé.) Eh bien! monsieur le comte, désarmé; je vous avais prévenu. Que dites-vous de ma botte secrète? Ah! vous avez eu tort de vous emporter si vite, car je ne vous avais pas dit encore tout ce que je vous avais enlevé. Ce n'est pas seulement votre brillant mobilier, votre or, vos lettres, c'est aussi une partie de votre honneur que je vous ai pris.
D'ORBESSAN.
Mon honneur!
CARTOUCHE.
Monsieur le comte d'Orbessan, vous venez de croiser le fer avec Cartouche.
D'ORBESSAN.
Cartouche!.. vous!.. vous!..
CARTOUCHE.
Moi-même, parole d'honneur!
D'ORBESSAN.
Mais c'est la honte, que l'épée d'un d'Orbessan ait touché celle de ce misérable!
CARTOUCHE.
N'en dites pas de mal, Monsieur... une illustre et glorieuse lame... je l'ai volée en plein Louvre au vaillant maréchal de Boufflers!
D'ORBESSAN.
Ah! tiens, vil scélérat, ne raille plus... Est-ce ma vie que tu veux maintenant?.. Eh bien! prends-la, finissons-en!
CARTOUCHE.
Y pensez-vous, monsieur le comte?.. Ensanglanter la fête que je donne cette nuit à vos nobles amis!
D'ORBESSAN.
Mes amis?
CARTOUCHE.
Eh! mon Dieu, oui, monsieur le comte, je leur ai envoyé des invitations en votre nom. Regardez, les lustres flamboient, les orchestres chantent, les salons se remplissent... (Lui montrant les invités à travers une glace dépolie, qui surmonte la cheminée du fond.) Tenez, voici M. le marquis d'Aspremont, un joueur magnifique, dont l'or va passer dans nos poches... Madame la duchesse de Lussac, la femme qui possède les plus beaux diamants de l'Europe... M. le fermier général Forbin, un Crésus... qui porte sur lui des trésors..., les boutons de son habit valent seuls un million, et il y a longtemps que je les convoite.
D'ORBESSAN.
Et tu crois que, moi vivant, ils seront victimes de ce guet-apens infâme! (Criant.) L'épée à la main, Messieurs!.. l'épée à la main!.. (Il s'élance vers le fond. Cartouche donne un coup de sifflet, le store se baisse, et à toutes les portes paraissent des bandits armés barrant le passage.)

SCÈNE VI.
LES MÊMES, LES VOLEURS, GRIBICHON.

CARTOUCHE.
Ne nous forcez pas de vous bâillonner, monsieur le comte... voyez... la lutte serait inégale.
D'ORBESSAN.
Dis qu'elle serait indigne d'un gentilhomme! Je regrette ce mouvement de colère, et je te défie à présent de m'émouvoir le moins du monde. Allons, parle! que veux-tu faire de moi?
CARTOUCHE.
Mais, pardieu, rien du tout. Vous êtes libre, monsieur le comte.
D'ORBESSAN.
Libre!
CARTOUCHE.
A la seule condition que trois de ces Messieurs vous accompagneront au lieu que vous désignerez.
D'ORBESSAN.
Songes-y bien, bandit... de d'Orbessan à Cartouche, il n'y a point de générosité possible. Si je sors de cette maison, ce sera pour aller tout droit chez M. de Grandlieu, le nouveau chevalier du guet.
CARTOUCHE.
Allez-y!.. (Aux voleurs.) Qu'on rende à M. le comte son épée... (Le comte reprend son épée des mains de Gribichon et la brise.) Et qu'on l'accompagne avec les plus respectueux égards jusqu'à la porte de l'honorable M. de Grandlieu. (A d'Orbessan.) Adieu, monsieur le comte!
D'ORBESSAN.
Au revoir, Cartouche!.. J'ai dit hier que je me chargeais de te conduire en place de Grève, et je jure Dieu que je n'aurai ni repos, ni trêve, avant de t'avoir vu rouer sous mes yeux!
CARTOUCHE.
Eh bien! franchement, Monsieur, je ne vous engage pas à jouer ce jeu-là.
D'ORBESSAN.
J'ai juré! misérable!
CARTOUCHE, avec colère.
Prenez garde!.. prenez garde qu'à mon tour je ne décide votre mort... (Riant.) Bah! la lutte m'amuse. Au revoir, monsieur le comte; et nous, Messieurs, au bal!
TOUS.
Au bal! (Fin du tableau.)

TROISIÈME TABLEAU.
Salon et ameublement d'un style sévère.

SCÈNE PREMIÈRE.
LOUISE, DE GRANDLIEU.

Allons, mon bon père, venez... en voilà assez pour ce matin de vos vilaines paperasses.
DE GRANDLIEU.
Voyons, Louise, laisse-moi seulement quelques minutes.
LOUISE.
Du tout, vous êtes mon prisonnier.
DE GRANDLIEU.
Mauvaise fille, qui me fait négliger le service du roi.
LOUISE.
Vous travaillez trop, vous vous rendrez malade.
DE GRANDLIEU.
Ah! c'est que j'ai à remplir une tâche pleine de difficultés et de fatigues!.. Hier encore, les Halles ont été mises au pillage par la bande de Cartouche, et je crains qu'il ne soit lui-même de retour.
LOUISE.
Je ne veux rien entendre... asseyez-vous là, nous passerons la matinée ensemble... comme aux Ormes... (Un silence.)
DE GRANDLIEU.
Louise?..
LOUISE.
Père?..
DE GRANDLIEU.
Dis-moi, mon enfant, est-ce que tu regrettes les Ormes?
LOUISE.
Je ne regrette rien, quand vous êtes près de moi, mon père.
DE GRANDLIEU.
Avoue, que tu n'es pas encore habituée au bruit et à l'agitation de la vie parisienne.
LOUISE.
C'est vrai!
DE GRANDLIEU.
Campagnarde, va!
LOUISE.
C'est si beau et si bon les champs!.. Ah! tenez, il y a un souvenir pur et béni que je garderai toujours précieusement au fond de mon âme, c'est celui de ces heureuses que j'ai passées dans notre petit domaine, avec mes fleurs et mes oiseaux!... La nuit dernière, j'ai rêvé des Ormes... c'était un dimanche, un beau dimanche de juin... Le ciel et la terre étaient en fête... on entendait sonner la messe au village... et nous sommes partis en souriant pour l'église, à travers les trèfles et les grands blés... Eh bien! au réveil j'ai pleuré comme une enfant de ce que ce n'était qu'un songe!

CARTOUCHE.

DE GRANDLIEU.
Pardonne-moi, ma Louise, de ne pas trop m'attendrir avec toi... En fin de compte, notre pauvre pays de Bar-sur-Aube n'a rien de fort regrettable : quelle compagnie avions-nous là-bas?... Une demi-douzaine de hobereaux ou de bourgeois ennuyeux. Quand je pense que l'hôte indispensable du château, le compagnon de nos promenades, était ce brave François Beaudouin, ton frère de lait.

LOUISE.
Oh! ne dites pas de mal de François!... il est si bon!..

DE GRANDLIEU.
Excellent; j'en conviens ; mais avec plus de cœur que d'esprit ; gauche, mal mis, toujours embarrassé, véritable fils de paysan, capable tout au plus de faire un troisième clerc de procureur. Bref ! que ma petite Louise ait eu, pour compagnon de ses jeux, l'enfant d'un métayer, rien de mieux ; mais il était ridicule déjà que mademoiselle de Grandlieu eût M. François Beaudouin pour unique société.

LOUISE.
Si ce pauvre François vous entendait, mon père?

SCÈNE II.
LES MÊMES, GERMAIN, FRANÇOIS.

GERMAIN.
Voilà les bijoux de Mademoiselle que le joaillier vient de rapporter.

DE GRANDLIEU.
Ah! place-les dans ma bibliothèque.

GERMAIN.
Et puis, il y a là le garçon à la mère Simonne.

LOUISE ET DE GRANDLIEU.
François!

GERMAIN.
Il dit qu'il vous apporte des nouvelles des Ormes.

DE GRANDLIEU.
Nous relancer jusqu'ici!..

LOUISE.
Recevez-le bien, je vous en prie...

DE GRANDLIEU.
Sois tranquille. (A Germain.) Fais entrer M. François Beaudouin. (Le domestique introduit François et se retire. De Grandlieu a pris une gazette, et Louise un ouvrage d'aiguille.)

FRANÇOIS.
Bonjour, monsieur de Grandlieu...

DE GRANDLIEU.
Comment, c'est toi?

FRANÇOIS, allant à lui.
Oui, c'est moi, c'est moi-même, monsieur de Grandlieu. (A part.) Tiens ! à peine s'il m'a regardé ! (Haut.) Bonsoir, sœur!

LOUISE.
Bonsoir, François....

FRANÇOIS, à part.
Elle ne m'offre pas sa joue, comme là-bas... tant pis, je vais l'embrasser tout de même...

LOUISE, prévenant son geste.
Tu ne me donnes pas la main...

FRANÇOIS.
Oh! si!... (A part.) C'est toujours ça. (Un silence.) Qu'est-ce qu'ils ont donc?

LOUISE.
Tu vas bien?

FRANÇOIS.
Oui, oui... à présent !

LOUISE.
Est-ce que tu as été malade depuis notre départ?

FRANÇOIS.
Dame! oui, j'ai manqué de mourir... un peu.

LOUISE.
Toi !... et de quelle maladie donc ?

FRANÇOIS.
Je ne sais... je m'en allais.

LOUISE.
Pauvre François!

FRANÇOIS.
Oh! je suis à peu près guéri maintenant.

LOUISE.
Tant mieux !

FRANÇOIS.
Avant de partir, je suis allé aux Ormes.

LOUISE.
Ah !

FRANÇOIS.
J'ai tout visité, tout parcouru.

LOUISE.
Vraiment?

FRANÇOIS.
J'ai jeté du pain blanc à tes poissons rouges, et donné de la luzerne fraîche à tes chèvres.

LOUISE.
Tu as bien fait, je t'en remercie.

FRANÇOIS.
Je savais bien que ça te ferait plaisir. (Mouvement de Grandlieu.)

LOUISE, qui l'a observé.
François !...

FRANÇOIS.
Louise ?...

LOUISE.
Ne me tutoie plus...

FRANÇOIS.
Pourquoi donc ?

LOUISE, regardant son père.
Je t'en prie...

FRANÇOIS, à part.
Elle me tutoie toujours, elle.

DE GRANDLIEU.
Beaudouin !

FRANÇOIS.
Monsieur?

DE GRANDLIEU.
Pourquoi diable as-tu quitté le pays?

FRANÇOIS.
Mais pour vous voir tous les deux, Monsieur.

DE GRANDLIEU.
N'étais-tu pas entré clerc chez le procureur Desjardins ?

FRANÇOIS.
Oui, Monsieur; mais je m'ennuyais tant dans son étude, que...

DE GRANDLIEU.
Tu as eu tort d'en sortir... à ton âge, on ne doit pas s'ennuyer du travail; ta mère n'est pas riche, et il est temps que tu songes à gagner ta vie.

FRANÇOIS.
Je tâcherai de la gagner à Paris, Monsieur. Oh! j'aurai plus de courage ici.

DE GRANDLIEU.
Ah! c'est qu'ici, pour les gens de ta classe, les emplois sont beaucoup plus rares, les moyens de parvenir beaucoup plus difficiles... Crois-moi, Beaudouin, ta place n'est pas à Paris.

FRANÇOIS.
Ma place,... ma... c'est-à-dire que vous me renvoyez, Monsieur ?

DE GRANDLIEU.
Non!... mais je te donne un conseil, voilà tout.

FRANÇOIS, à part.
Oh!

LOUISE, à part.
Il a les yeux gros de larmes...

FRANÇOIS, pleurant.
Je partirai, Monsieur, je partirai...

DE GRANDLIEU.
C'est bien, mon garçon...

FRANÇOIS.
Oh! oui, oui, je quitterai Paris, pour n'y jamais revenir.

LOUISE.
Mais je veux que tu y reviennes, moi.

FRANÇOIS.
Vous! vous! oh! quand donc ?

DE GRANDLIEU.
Le jour de son mariage.

FRANÇOIS.
Elle va se marier ? Elle ! se marier !

DE GRANDLIEU.
Est-ce que cela t'étonne ?

FRANÇOIS.
Oh! non, Monsieur, non!... c'est tout naturel, c'est tout simple !... elle est assez jolie et assez bonne pour qu'on la recherche, pour qu'on l'aime... Tout ce que je peux souhaiter, moi, c'est qu'elle trouve un mari qui soit digne d'elle !...

DE GRANDLIEU.
Nous l'espérons, Monsieur, avec son nom, sa fortune, sa position actuelle, Louise ne peut épouser qu'un gentilhomme de bonne souche, et tu dois comprendre qu'une telle alliance ne se serait jamais rencontrée à Bar-sur-Aube.

FRANÇOIS.
Oui, je le comprends, Monsieur, je comprends tout ! Il y a un gouffre, un abîme, entre Louise de Grandlieu et les gens de ce pays-là, des campagnards sans esprit, des rustres sans éducation, mes pareils, en un mot. (A part.) De pauvres diables qui n'ont que du cœur...

LOUISE.

François! tu viendras à ma messe de mariage... tu me le promets?..

FRANÇOIS.

Je tâcherai... si je suis encore de ce monde!

LOUISE.

Veux-tu bien te taire, méchant, et chasser toutes ces vilaines idées noires... on parle de mon bonheur, et ça te rend triste... Voyons, essuie tes larmes, et souris-moi, comme aux Ormes. Allons... allons donc!...

FRANÇOIS.

Moi, que je vous...

LOUISE.

Je le veux... je le veux...

FRANÇOIS, riant et pleurant à la fois.

Oh! alors... je ne peux pas vous résister, moi, je ne peux pas... ah! ah! ah!... J'ai ri, n'est-ce pas?

LOUISE.

Tu viendras au moins huit jours à l'avance... Et, comme je tiens à ce que tu me fasses honneur, je commanderai moi-même tes habits de gala.

FRANÇOIS.

Mes habits?..

LOUISE.

Oui, pour qu'ils ne ressemblent pas à ceux-là.

FRANÇOIS.

Mais c'est tout neuf!

LOUISE.

Ça n'en est pas plus beau.

FRANÇOIS.

Louise!

DE GRANDLIEU.

Beaudouin... il ne faut plus l'appeler Louise.

FRANÇOIS.

Elle a changé de nom?... Comment faut-il donc l'appeler maintenant?

DE GRANDLIEU.

Il faut l'appeler mademoiselle Louise.

FRANÇOIS.

Mademoiselle... Ah! je vous demande pardon... je ne comprenais pas... Ah! ça m'a fait mal!... Allons, allons, je m'en vais... Adieu, monsieur de Grandlieu, adieu, mademoiselle Louise; il faut me pardonner d'être venu, Mademoiselle, j'ai eu tort d'oublier la distance qui nous sépare; mais je m'en souviendrai à l'avenir, et vous ne me reverrez plus, mademoiselle Louise, vous ne me reverrez plus, adieu!... Ah! mon pauvre François, t'a-t-on assez humilié! (Il sort.)

LOUISE.

Quel désespoir!

DE GRANDLIEU.

J'ai été dur, j'ai été cruel... mais il le fallait pour arracher de ce cœur-là une chimère insensée.

LOUISE.

Que croyez-vous donc, mon père?

DE GRANDLIEU.

Que ce pauvre fou s'était habitué, sans le savoir peut-être, à voir en toi plus qu'une sœur!

LOUISE, à part.

François? (Germain entre.)

DE GRANDLIEU.

Qu'y a-t-il encore?

GERMAIN.

C'est un vieux monsieur qui demande à vous parler tout de suite.

DE GRANDLIEU.

Son nom?

GERMAIN.

Il ne veut le dire qu'à vous.

DE GRANDLIEU.

Introduis-le ici... (A Louise.) Rentre dans ta chambre, mon enfant, j'irai t'y rejoindre tout à l'heure.

LOUISE, à part.

Lui, François... Oh! jamais la pensée ne m'était venue qu'il pût m'aimer!.. (Elle sort d'un côté. De l'autre, paraît un vieux seigneur, tout de noir habillé, poussant des sanglots, et cachant le visage avec un mouchoir.)

SCÈNE III.

CARTOUCHE, en vieillard, DE GRANDLIEU.

CARTOUCHE.

C'est à monsieur le chevalier du guet que j'ai l'avantage de parler?

DE GRANDLIEU.

A lui-même, Monsieur. En quoi puis-je vous servir? A qui ai-je l'honneur...

CARTOUCHE.

Monsieur, je suis le commandeur Hector-Narcisse-Hercule d'Orbessan.

DE GRANDLIEU.

J'ai toujours entendu citer cette famille avec honneur, Monsieur, surtout le comte Hector d'Orbessan.

CARTOUCHE.

Hélas! c'était mon neveu, Monsieur.

DE GRANDLIEU.

L'auriez-vous donc perdu?

CARTOUCHE.

Il vient d'être assassiné, Monsieur.

DE GRANDLIEU.

Assassiné, lui!

CARTOUCHE.

Oui, lui! l'espoir de ma vieillesse! l'honneur de mes cheveux blancs!

DE GRANDLIEU.

Mais où? quand? par qui ce crime a-t-il été commis?

CARTOUCHE.

Dans la forêt de Saint-Germain, la nuit dernière, par l'exécrable Cartouche!

DE GRANDLIEU.

Cartouche!

CARTOUCHE.

Le fléau des familles! oui, Monsieur, c'est lui qui m'a ravi mon neveu, l'espoir de ma vieillesse, l'honneur de mes cheveux blancs!

DE GRANDLIEU.

Parlez, Monsieur, donnez-moi vite tous les renseignements, tous les détails.

CARTOUCHE.

Oui, Monsieur, oui; puisse ma douleur m'en laisser la force! Nous traversions la forêt, mon pauvre neveu Hector et moi, lorsque tout à coup nous fûmes assaillis par une troupe de bandits qui entouraient notre carrosse. Nous mîmes l'épée à la main... Mais, hélas! que peut le courage le plus héroïque contre des ennemis vingt fois plus nombreux?... Le malheureux Hector fut bientôt criblé de blessures, et je vis tomber, expirant à mes pieds, ce noble et beau jeune homme, l'espoir de ma vieillesse, l'honneur de mes cheveux blancs!

DE GRANDLIEU.

Il était mort! (Ils se lèvent.)

CARTOUCHE.

Mort!... A cette vue, mes forces me trahirent, et je tombai privé de sentiment.

DE GRANDLIEU.

Que se passa-t-il ensuite?

CARTOUCHE.

Les misérables crurent que j'avais cessé d'exister, et lorsque je revins à moi, je vis l'infâme Cartouche s'emparer des papiers de mon infortuné neveu... Il les prit tous, Monsieur, jusqu'à des lettres d'amour qu'Hector se plaisait à me lire quelques instants avant.

DE GRANDLIEU.

Enfin, Monsieur? (Il présente, par distraction, sa tabatière, dans laquelle Cartouche laisse tomber une petite balle de plomb, en feignant de prendre une prise. Cette balle est pendue à un fil de soie, qui lui-même est attaché à une bague que Cartouche porte au doigt.)

CARTOUCHE.

Enfin, le scélérat dit à ses complices, avec un rire infernal que je crois toujours entendre, qu'il allait rentrer à Paris, et qu'en choisissant les gens dont mon infortuné neveu ne pouvait être connu que de nom, il ferait de nouvelles dupes, de nombreuses victimes, et parviendrait à tromper longtemps encore monsieur le chevalier du guet. (En disant ces derniers mots, il fait, au moyen du fil, sortir la tabatière de la poche de M. de Grandlieu et la met dans la sienne.)

DE GRANDLIEU.

Il a osé dire cela?

CARTOUCHE.

Il l'a osé, Monsieur.

DE GRANDLIEU.

Eh bien! il faut qu'à nous deux nous nous emparions de ce grand criminel... Ce n'est pas impossible.

CARTOUCHE.

Non, certes, ce n'est pas impossible!... Je suis convaincu que si nous le voulions bien... nous l'arrêterions très-vite à nous deux.

DE GRANDLIEU.

Les signalements de ce Cartouche varient à l'infini, et se

contredisent d'une façon déplorable... Vous, Monsieur, vous l'avez vu de près?...

CARTOUCHE.
Je l'ai vu aussi distinctement que si je me regardais dans une glace.

DE GRANDLIEU.
Renseignez-moi donc, alors.

CARTOUCHE.
Volontiers, Monsieur... Ah! vous ne pouviez mieux vous adresser qu'à moi.

DE GRANDLIEU.
On le dit de grande taille...

CARTOUCHE.
Non... il est de taille moyenne.

DE GRANDLIEU.
Il est vigoureux, il a de larges épaules...

CARTOUCHE.
Non, non, il est assez délicat.

DE GRANDLIEU.
Son œil est noir, ses cheveux sont bruns.

CARTOUCHE.
Non, non, non, il a l'œil bleu, et les cheveux blonds.

DE GRANDLIEU.
En vérité!... (Prenant un papier qu'il relit.) On m'écrivait cependant : taille haute, larges épaules, les cheveux et les yeux noirs... et vous dites...

CARTOUCHE.
Taille moyenne, complexion délicate, les yeux bleus et les cheveux blonds... A cela près, Monsieur le chevalier du guet, votre signalement est parfaitement exact. (Il joue avec un riche cachet qui se trouve sur le bureau et qu'il glisse dans sa poche.)

DE GRANDLIEU.
Je vais envoyer l'ordre de l'appréhender au corps partout où il aura l'audace de se présenter.

CARTOUCHE.
Sous le nom d'Hector d'Orbessan.

DE GRANDLIEU.
Précisément.

CARTOUCHE.
N'oubliez pas surtout qu'il porte les papiers du pauvre Hector dans sa poche. (A part, tandis que M. de Grandlieu écrit.) Que le comte vienne nous dénoncer... on commencera par le fourrer au Fort-l'Évêque : il ne pourra pas se faire reconnaître avant demain, et nous aurons eu à nous la nuit tout entière. Décampons maintenant... (Haut.) Adieu, Monsieur, je ne veux pas plus longtemps vous importuner...

DE GRANDLIEU.
Monsieur...

CARTOUCHE, multipliant les révérences.
Votre serviteur, Monsieur... je vous salue avec le plus profond respect... ne vous dérangez donc pas...

GERMAIN, rentrant.
Monsieur, c'est M. le comte d'Orbessan.

DE GRANDLIEU.
Hein?...

CARTOUCHE, à part.
Ils l'ont lâché trop tôt.

DE GRANDLIEU.
Tu dis?...

GERMAIN.
Je dis, Monsieur, que c'est M. le comte d'Orbessan.

CARTOUCHE.
Eh! parbleu, c'est Cartouche!...

DE GRANDLIEU.
Et il ose venir ici!...

CARTOUCHE.
Quelle impudence!... du reste, vous pourrez l'arrêter plus facilement!... Adieu, Monsieur!!.. adieu!...

DE GRANDLIEU.
Adieu, Monsieur... (Cartouche va pour sortir prestement.) Non, non, ne partez pas...

CARTOUCHE, à part.
Ah! diable!...

DE GRANDLIEU.
Il me vient une idée... une excellente idée...

CARTOUCHE.
Pardon, c'est que...

DE GRANDLIEU.
Germain, conduis Monsieur dans ma bibliothèque.

CARTOUCHE.
Mais, je désire...

GERMAIN.
C'est par ici, Monsieur.

CARTOUCHE.
Permettez, Monsieur, permettez... c'est qu'on m'attend chez moi...

DE GRANDLIEU.
Oh! ce sera l'affaire de dix minutes à peine. Vite, Monsieur, vite... je tiens à confondre le misérable, en vous mettant face à face avec lui...

CARTOUCHE.
Face à face, non, Monsieur, non, je ne pourrai jamais supporter la vue de ce scélérat.

DE GRANDLIEU.
Il faut avoir du courage pour venger votre neveu...

CARTOUCHE.
Pour venger mon neveu, soit, j'en aurai... (A part.) Pour sauter par la fenêtre. (Il sort. De Grandlieu sonne, entre un laquais.)

DE GRANDLIEU.
Faites entrer la personne qui est là... (Il tire d'un tiroir une paire de pistolets qu'il examine et place sur la table, à la portée de sa main. On introduit le comte.)

SCÈNE IV.
DE GRANDLIEU, D'ORBESSAN.

D'ORBESSAN.
J'accours, Monsieur, vous demander justice et vous offrir en même temps l'occasion...

DE GRANDLIEU, jouant avec la batterie d'un pistolet.
Pardon, Monsieur, avant toute chose, vous êtes bien monsieur d'Orbessan.

D'ORBESSAN.
Oui, Monsieur, j'ai eu l'honneur de vous faire passer mon nom.

DE GRANDLIEU.
Monsieur le comte Hector d'Orbessan?...

D'ORBESSAN.
Le comte Hector, oui, Monsieur.

DE GRANDLIEU.
Fort bien, je vous écoute.

D'ORBESSAN, à part.
Ah çà! mais, qu'a-t-il donc?

DE GRANDLIEU.
Voyons, tâchez de ne pas vous troubler.

D'ORBESSAN.
De ne pas me troubler?...

DE GRANDLIEU.
C'est assez peu votre habitude, en effet.

D'ORBESSAN.
Mais à la fin, Monsieur, que signifie?...

DE GRANDLIEU.
Oh! je vous engage à moins élever la voix et à être bref.

D'ORBESSAN, à part.
Ah! pour le coup...

DE GRANDLIEU.
J'attends !...

D'ORBESSAN.
En deux mots, Monsieur, je viens d'être victime du vol le plus hardi, du guet-apens le plus odieux.

DE GRANDLIEU.
En vérité!... vous?... vous, Monsieur?...

D'ORBESSAN.
Moi-même, et votre neveu...

DE GRANDLIEU.
Soyez tranquille, je le ferai!...

D'ORBESSAN.
Votre devoir est de me prêter main-forte contre Cartouche.

DE GRANDLIEU.
Mais bien volontiers.

D'ORBESSAN, à part.
Allons donc!...

DE GRANDLIEU.
Ah! il s'agit de Cartouche?... j'en suis ravi!... Et où le trouverons-nous, s'il vous plaît?...

D'ORBESSAN.
A l'hôtel Soubise, rue Grange-Batelière.

DE GRANDLIEU.
Si loin?... Il vous a donc volé seulement... je croyais que le gueux vous avait tué...

D'ORBESSAN.
Comment... tué?...

DE GRANDLIEU.
Oui... pendant l'évanouissement de votre grand-oncle...

D'ORBESSAN.
De mon grand-oncle?...

DE GRANDLIEU.
Le commandeur...

D'ORBESSAN.
Eh! Monsieur, mon oncle le commandeur est mort depuis longtemps...

DE GRANDLIEU.
Ah! c'est lui que ce misérable a tué... ce n'est pas vous... c'est lui?... très-bien... très-bien...

D'ORBESSAN.
Oh! Monsieur... finissons-en!...

DE GRANDLIEU.
Soit... (Il lui présente les deux pistolets.) Je vous arrête!...

D'ORBESSAN.
Moi?...

DE GRANDLIEU.
Vous, Cartouche!...

D'ORBESSAN.
Quoi?... vous supposez?... vous croyez?...

DE GRANDLIEU.
Je ne suppose pas... je ne crois pas... je sais...

D'ORBESSAN.
Voyons, monsieur de Grandlieu, réfléchissez de grâce... vous êtes sous le coup d'une erreur que je ne m'explique pas encore, mais il est impossible que vous y persistiez en présence des preuves de mon identité...

DE GRANDLIEU.
Des preuves... oui, oui... je sais... je gage que vous allez me montrer des lettres adressées au comte d'Orbessan...

D'ORBESSAN.
Mais certainement... j'en ai les poches pleines... et tenez, toutes à mon nom...

DE GRANDLIEU.
Je suis certain même que ces lettres sont des plus intimes.

D'ORBESSAN.
Oui, Monsieur, et vous verrez bien...

DE GRANDLIEU.
Il y a même des lettres d'amour, n'est-ce pas?..

D'ORBESSAN.
C'est vrai... et je pense qu'à présent...

DE GRANDLIEU.
Vous pensez mal! Oui, vous avez les papiers, les habits et l'argent du comte Hector, mais vous êtes Cartouche!

D'ORBESSAN, de guerre lasse.
Encore?... Eh bien, Monsieur, je suis Cartouche... arrêtez-moi... emprisonnez-moi tout à votre aise... j'espère seulement que demain vous voudrez bien me mettre en présence de M. d'Argenson, l'ami d'Hector d'Orbessan.

DE GRANDLIEU.
Je n'attendrai pas jusqu'à demain pour vous confronter avec quelqu'un. (Ouvrez la porte de la bibliothèque.) Entrez, entrez, monsieur le commandeur d'Orbessan...

D'ORBESSAN.
M. le commandeur d'Orbessan?..

DE GRANDLIEU.
Comment?.. personne ne répond?.. Mais du moins Germain... (Appelant, tandis que d'Orbessan est entré dans la chambre.) Germain!.. Germ...

D'ORBESSAN, ramenant Germain garrotté et bâillonné.
Tenez, le voilà votre Germain, Monsieur.

DE GRANDLIEU.
Que vois-je?.. (On ôte le bâillon de Germain.)

GERMAIN, respirant.
Ah!.. miséricorde.

DE GRANDLIEU.
Parle, que t'est-il arrivé?

GERMAIN.
Ah!.. Monsieur, le vieillard était un jeune homme, il m'a garrotté, bâillonné, battu, et il vient de se sauver par la fenêtre avec votre portefeuille et les bijoux de Mademoiselle...

DE GRANDLIEU.
Les bijoux de ma fille...

D'ORBESSAN.
Eh bien, Monsieur! croyez-vous encore que je sois Cartouche?

DE GRANDLIEU, appelant.
A moi... à moi!.. Cartouche était ici, il n'y a qu'un instant.

TOUS.
Cartouche!

DE GRANDLIEU.
Il s'est enfui par cette fenêtre... Ah!.. il s'est joué de moi... mais j'aurai ma revanche!..

D'ORBESSAN.
Et moi la mienne!..

ACTE TROISIÈME.

QUATRIÈME TABLEAU.

La mansarde de François Baudouin.

SCÈNE PREMIÈRE.

FRANÇOIS, seul. Il est accoudé, la tête entre ses mains, sur une table éclairée par une petite lampe.

Allons, allons, c'est bien arrêté. Ce que j'ai de mieux à faire, c'est d'en finir avec la vie. C'est drôle, moi qui ne suis guère brave, et qui ai toujours eu peur de la mort, une fois que j'ai eu pris mon parti, je n'ai plus tremblé du tout... ça me paraît même bon de me dire que je n'aurai plus de chagrins dans quelques instants... Je me serais bien jeté à la rivière en sortant de chez Louise; mais j'ai tenu à lui envoyer ce dernier adieu... (Prenant une lettre.) Trois grandes pages de bêtises, que je n'ai pas le courage de relire, et qui peut-être la feront rire. Où est mon clou? (Il prend un clou et un marteau.) Non, elle ne se moquera pas de ce dernier adieu... elle est bonne... je suis sûr qu'elle me plaindra, qu'elle priera un peu pour moi!... encore quelques lignes, et ce sera tout. (Il écrit.) « Louise! je suis laid, je suis bête; mais je vous aime, et je me tue parce que je vous aime!... » A présent, un clou!... ça et un bout de corde, c'est tout ce qu'il faut pour François Beaudouin. (Il monte sur une chaise et se met à cogner.)

JEANNETTE, fredonne au dehors. Elle frappe à la porte.
Peut-on entrer, cousin? (Elle ouvre.) Qui ne dit rien, consent.

SCÈNE II.

FRANÇOIS, JEANNETTE.

FRANÇOIS.
Ah! c'est toi, Jeannette.

JEANNETTE.
Tiens, qu'est-ce que tu fais donc là?

FRANÇOIS.
Tu vois... je cogne un clou...

JEANNETTE.
Pour te pendre?

FRANÇOIS.
Peut-être bien.

JEANNETTE, à part.
Comme il me dit cela... (Haut.) Que je ne te dérange pas.

FRANÇOIS.
Oh! j'attendrai bien que tu sois partie.

JEANNETTE.
A ton aise...

FRANÇOIS.
Comme te voilà gaie, toi!

JEANNETTE.
Oh! oui, va!... J'ai le cœur si joyeux, que je ne peux pas m'empêcher de chanter!

FRANÇOIS.
Tant mieux, Jeannette, tant mieux!

JEANNETTE.
Dis donc, cousin; je viens te faire une confidence... il est de retour...

FRANÇOIS.
Qui?...

JEANNETTE.
Tu me demandes qui? Mais lui, François, lui!... Est-ce que pour Jeannette il peut y en avoir un autre?... C'est sa main qui a laissé tomber les pièces d'or dans mon tablier... La pensée m'est bien venue de te dire tout bas : Le voilà!... Mais en ce moment la voix m'a manqué... et puis... j'étais comme interdite... comme subjuguée... sous ce regard qui me traversait le cœur! Tiens, François, veux-tu que je te dise?... Je suis sûre d'être aimée!...

FRANÇOIS.
Moi, je suis sûr que tu aimes... voilà tout.

JEANNETTE.
Il y a des riens qui disent bien des choses!... De ces preuves muettes qui ne trompent jamais! Je suis aimée, François, je suis aimée!... Et voilà pourquoi ma joie déborde, pourquoi je me trouve dans ta chambre, pourquoi la vie me paraît si belle, et pourquoi je chante comme un pinson! Mais quelle égoïste je fais!... Je t'ennuie là de mes secrets, quand j'aurais dû commencer par te demander les tiens...

FRANÇOIS.
Les miens?... Ils ne sont gentils ni à dire, ni à entendre... Ne m'interroge pas...

JEANNETTE.
Par exemple!

FRANÇOIS.
Je t'en prie...

JEANNETTE.
Allons donc! Je suis très-bavarde, c'est vrai; mais je suis très-curieuse aussi, et je ne te ferai pas grâce d'un détail... As-tu revu Louise?...

FRANÇOIS.
J'ai revu... mademoiselle de Grandlieu!

JEANNETTE.
On ne t'a pas mal reçu?...

FRANÇOIS.
Oh! non... On m'a renvoyé, voilà tout.

JEANNETTE.
Ah! les méchants...

FRANÇOIS.
Ne les accuse pas, Jeannette!... La faute est à moi seul; j'étais absurde, j'étais fou!... Louise et son père sont à cent lieues de croire qu'ils ont été cruels, et la nouvelle de mon chagrin les étonnerait bien... On a remis à sa place le présomptueux paysan, et il le méritait!... La leçon a peut-être été un peu rude, mais qu'y faire?... Tâcher d'en profiter, Jeannette, et chercher l'oubli... c'est mon intention... (Regardant le clou.) Je vais le chercher... l'oubli... un peu loin... peut-être...

JEANNETTE.
Et moi qui n'ai pas remarqué tout de suite sa pâleur! son accablement!... Ah! comme notre propre joie nous rend aveugles! Mais je ne veux plus penser qu'à toi; écoute, François, je ne chercherai pas à te consoler, car je ne crois pas qu'il y ait des consolations possibles pour ces douleurs-là!... seulement, je te prends la main, je te la serre avec affection, avec tristesse, et je te dis ce que dirait un homme : Il faut avoir du courage!... mon ami, il faut avoir du courage.

FRANÇOIS.
Sois tranquille... j'en aurai... j'aurai même un courage... que je ne me soupçonnais pas...

JEANNETTE.
Voyons! qu'est-ce que tu comptes faire?

FRANÇOIS.
Dame! m'en retourner au pays.

JEANNETTE.
Je n'aime pas ça...

FRANÇOIS.
Il est possible aussi que je fasse un voyage... un grand voyage...

JEANNETTE.
Je n'aime pas ça non plus...

FRANÇOIS.
Pourquoi?...

JEANNETTE.
Je n'en sais rien... mais l'idée de ce départ me donne comme le frisson... Tiens, cousin, je ne veux pas que tu me quittes encore; je suis convaincue que je puis t'être utile...

FRANÇOIS.
C'est vrai!... tu peux me rendre un grand service...

JEANNETTE.
Ah! tu vois bien!... parle!

FRANÇOIS.
Je désire que tu remettes toi-même à Louise cette lettre d'adieu...

JEANNETTE.
D'adieu!..

FRANÇOIS.
Oh! ne me parle plus de rester, ce serait inutile; ma résolution est irrévocable!... tu chargés-tu de cette lettre?

JEANNETTE.
Oui.

FRANÇOIS.
Je te remercie.

JEANNETTE.
Donne!

FRANÇOIS.
Ah!... comme il est très-tard et que d'ailleurs je tiens à être loin déjà, quand cette lettre sera remise, tu ne la porteras que demain, n'est-ce pas?

JEANNETTE.
Oui, oui, demain...

FRANÇOIS.
Et à présent, petite cousine, je vais te renvoyer... Car, vois-tu, je sens ma pauvre tête si fatiguée, que j'ai bien besoin de repos... Jeannette, je ne te ferai pas de grandes phrases au moment de te quitter... je te souhaite seulement de toute mon âme autant de bonheur que j'ai eu de misère..! Quand tu seras mariée, et que tu auras de beaux petits enfants, tu leur apprendras mon nom, n'est-ce pas?... tu leur parleras quelquefois de moi, qui serai bien loin; enfin... tu ne m'oublieras pas toi, Jeannette.

JEANNETTE.
Oh! non, non, jamais...

FRANÇOIS.
A présent... embrassons-nous comme frère et sœur... pense à moi... prie pour moi... Adieu, Jeannette, adieu!..

JEANNETTE.
Adieu, François, je lui porterai ta lettre.

FRANÇOIS.
Oui, mais demain seulement... demain...

JEANNETTE, à part.
Comme il me recommande ça... J'ai bien envie...

FRANÇOIS.
Demain, tu sais...

JEANNETTE, à part.
Oui! oui! il n'y a que Louise qui puisse le retenir. (Haut.) Adieu, François... adieu!... (Elle sort... François l'écoute s'éloigner.)

FRANÇOIS, seul.
Elle descend l'escalier, elle rentre dans sa chambre... (Reprenant son marteau et son clou.) Allons! à mon clou!... (Il remonte sur sa chaise et recommence à cogner...Cartouche, un poignard à la main, s'élance dans la mansarde par la fenêtre.)

SCÈNE III.
CARTOUCHE, FRANÇOIS.

FRANÇOIS, effrayé.
Hein! qui est là?

CARTOUCHE.
Si vous jetez un cri, je vous tue!

FRANÇOIS.
Vous m'obligerez, Monsieur...

CARTOUCHE, le reconnaissant.
François!

FRANÇOIS, de même.
Dominique!... c'est toi!..

CARTOUCHE.
Oui, c'est moi, Dominique, ton ancien camarade. Je ne croyais pas entrer dans ton domicile.

FRANÇOIS.
Comment se fait-il que tu arrives par la fenêtre, un poignard à la main?

CARTOUCHE.
Est-ce que ça t'étonne beaucoup de ma part?

FRANÇOIS.
C'est-à-dire que j'en suis atterré... (Riant.) J'ai été au moment de crier au voleur!..

CARTOUCHE.
Vraiment!.. au... au voleur!... (A part.) Le diable m'emporte, il a l'air d'une innocence à mon endroit?

FRANÇOIS.
Voyons, explique-moi donc vite...

CARTOUCHE.
Eh bien! figure-toi que j'étais en visite galante chez une belle dame... Le mari est survenu avec une escouade de laquais armés jusqu'aux dents, et, ma foi, je me suis sauvé par un grenier.

FRANÇOIS.
Ah!

CARTOUCHE.
En courant sur les toits des bordées fort peu agréables, j'ai aperçu de la lumière, une fenêtre ouverte, et je suis entré ici, résolu à faire un mauvais parti au locataire qui m'eût cherché noise : rien de plus simple, comme tu vois.

FRANÇOIS.
Mais c'est la Providence qui t'amène!

CARTOUCHE, à part.
Il est toujours aussi naïf...

FRANÇOIS.
Ce cher Dominique!

CARTOUCHE.
Dominique, que tu aimais tant autrefois, et qui te le rendait bien...

FRANÇOIS.
Sais-tu qu'il y a dix ans que nous ne nous sommes serré la main...

CARTOUCHE.
Oui!.. dix ans...

FRANÇOIS.
Ah!.. je suis bien aise de te revoir, va!

CARTOUCHE.
Et moi!

FRANÇOIS.
Surtout en ce moment!

CARTOUCHE.
Regarde donc un peu, par là, si je ne suis pas poursuivi.

FRANÇOIS.
Je ne vois personne.

CARTOUCHE.
On aura perdu ma piste... C'est égal, il faut que tu m'accordes l'hospitalité pour quelques heures.

FRANÇOIS.
L'hospitalité... c'est que...

CARTOUCHE.
Cela ne te dérange pas?

FRANÇOIS.
Non, j'avais quelque chose à faire... mais ça peut se remettre...

CARTOUCHE.
Assieds-toi donc là, et causons, François.

FRANÇOIS.
Causons, Minique...

CARTOUCHE.
De notre enfance, du collége, de ce bon vieux passé...

FRANÇOIS.
Oh! je le veux bien!.. Oui, nous avons commencé ensemble... l'un était beau, brave et spirituel... l'autre était laid, poltron... et... bête... l'autre c'était moi...

CARTOUCHE.
Allons donc... tu exagères...

FRANÇOIS.
Oh! je me connais... c'est le seul mérite que j'aie, Dominique, il ne faut pas me l'ôter...

CARTOUCHE.
Tu étais d'une nature honnête et laborieuse...

FRANÇOIS.
Ça n'a pas changé... mais où cela pouvait-il me mener?.. Tandis que toi!.. tu peux arriver à tout avec tes brillantes qualités!..

CARTOUCHE.
A tout... c'est-à-dire... Parlons d'autre chose. Nous faisions une fameuse paire d'amis, t'en souviens-tu?.. J'étais aussi paresseux que tu étais piocheur, et pour la peine que tu te chargeais de mes devoirs, je t'avais mis sous la protection de mes deux poings... Ah! je les avais déjà solides, et on ne se serait pas avisé de te faire des niches!.. Tiens, François, ç'a été un des bons instincts de ma vie que cette protection accordée à un être plus faible et meilleur que moi!..

Quel malheur que nous nous soyons si longtemps perdus de vue?..

CARTOUCHE.
Pour qui le malheur?

FRANÇOIS.
Dame!.. pour moi.

CARTOUCHE.
Ah! tu trouves?

FRANÇOIS.
Dis donc, Minique, tu as joliment fait ton chemin, n'est-ce pas?

CARTOUCHE.
Moi?.. oui, oui... pas trop mal... au collége, j'avais des dispositions...

FRANÇOIS.
Pas pour le latin, toujours...

CARTOUCHE.
Oh! non... mais pour le...

FRANÇOIS.
Pour le... quoi?..

CARTOUCHE.
Eh! tu sais bien... tu n'as pas oublié la rafle de bonnets de coton que j'ai faite un jour dans le dortoir?..

FRANÇOIS.
Un bon tour d'espiègle!.. Ce qui te fit découvrir, c'est que tu n'avais laissé que les deux nôtres...

CARTOUCHE.
Je m'en suis assez voulu de cette maladresse.

FRANÇOIS.
Je suis sûr que tu serais plus habile aujourd'hui...

CARTOUCHE.
Je t'en réponds... et les pots de miel de Narbonne que j'avais dérobés au principal?..

FRANÇOIS.
Pour le coup, c'était pousser trop loin la gourmandise.

CARTOUCHE.
Tu en as mangé, de ce miel-là?

FRANÇOIS.
Ne me le reproche pas... c'était du bien volé; aussi, j'en ai été malade! C'est au point qu'aujourd'hui encore je ne peux voir une abeille... sans émotion!

CARTOUCHE.
Une chose bien étonnante, c'est que je ne t'ai jamais rien pris, à toi?

FRANÇOIS.
Comment, étonnante!... Pourquoi donc m'aurais-tu pris quelque chose?... Voilà qui eût été beau, par exemple!

CARTOUCHE.
Je me rappelle cependant un objet dont la possession me tentait si fort que je n'en dormais plus...

FRANÇOIS.
Il fallait me le demander, mon Minique...

CARTOUCHE.
C'était un joli petit couteau à manche de nacre, avec une lame anglaise, et un écusson d'argent au milieu.

FRANÇOIS.
Mon petit couteau que j'aimais tant!.. (A part.) Un cadeau de Louise!..

CARTOUCHE.
Un jour, ne pouvant plus résister à mon désir, je m'étais emparé de ce trésor, et je te persuadai que tu l'avais perdu... Mais je te vis si triste, si désespéré, que j'eus le courage héroïque de le remettre tout de suite dans ton pupitre...

FRANÇOIS.
Je l'ai toujours...

CARTOUCHE.
Vrai?...

FRANÇOIS.
Le voici...

CARTOUCHE.
Oui, c'est bien le même... Ce que c'est, je le trouve encore charmant.

FRANÇOIS.
Ah bah!

CARTOUCHE.
Il me rappelle mon enfance... ma jeunesse... notre amitié... il me rappelle ce bon sentiment qui a fait battre mon cœur à la vue de tes larmes, qui m'a fait te le rendre pour calmer ton chagrin!.. Je l'aime ce pauvre petit couteau.

FRANÇOIS.
Bien vrai?.. Eh bien... garde-le, Dominique.

CARTOUCHE.
Tu me le donnes? merci!..

FRANÇOIS.
Je ne m'en servirai plus, maintenant.

CARTOUCHE.
Le diable m'emporte, je ne croyais pas pouvoir être ému par si peu de chose!.. C'est comme une larme que je viens de sentir là!.. (Haut.) Ta main, François!

FRANÇOIS.
Mon bon Minique!.. Ah çà! tu ne m'as point dit encore ce que tu faisais à Paris?

CARTOUCHE.
Ce que je fais?..

FRANÇOIS.
Oui.

CARTOUCHE, à part.
Drôle de garçon, va! il a une manière de vous demander cela en face... (Haut.) Voyons, il est impossible que tu n'aies pas entendu parler de moi?..

FRANÇOIS.
De toi, Dominique?

CARTOUCHE.
J'ai un autre nom...

FRANÇOIS.
Ton nom de famille?

CARTOUCHE.
Je m'appelle Dominique...

FRANÇOIS.
Dominique Cartouche... je le sais bien.

CARTOUCHE.
Et ce nom-là n'a pas retenti à tes oreilles jusque dans le fond de ta province?

FRANÇOIS.
Jamais!

CARTOUCHE, à part.
Et voilà ce que c'est que la renommée!

FRANÇOIS.
Il faut te dire, du reste, que là-bas je vivais à peu près comme un loup... Enfin tu es célèbre, et j'en suis content; rien qu'à voir tes habits, on a bonne idée de ta profession.

CARTOUCHE.   17

CARTOUCHE.
Ça n'est pas une profession...
FRANÇOIS.
De ton métier?
CARTOUCHE.
Ça n'est pas un métier non plus.
FRANÇOIS.
Qu'est-ce que c'est donc, alors?
CARTOUCHE.
C'est un art!
FRANÇOIS.
Ah!
CARTOUCHE.
Oui, mon cher, un art que je t'enseignerai si tu veux?.. (Rumeurs au dehors.) Ah! diable! je crois qu'on me poursuit...
FRANÇOIS.
Attends... je vais écouter... (Il entr'ouvre la porte et prête l'oreille.) Ne crains rien... ce sont des soldats qui cherchent des voleurs.
CARTOUCHE, à part.
Comme c'est rassurant!..
FRANÇOIS.
Ce Paris en fourmille... Est-ce qu'on t'a volé, toi?
CARTOUCHE.
Non... pas encore... (Il ôte sa veste.) Tu permets, n'est-ce pas? Je trouve qu'il fait une chaleur,...
FRANÇOIS.
Pas moi... je suis glacé...
CARTOUCHE.
Vraiment? (Il ôte son gilet.)
FRANÇOIS.
Tu disais donc que ton art?..
CARTOUCHE.
Je te disais que c'était l'art de faire fortune très-vite.
FRANÇOIS.
Honnêtement?..
CARTOUCHE.
Presque...
FRANÇOIS.
Comment!.. presque?..
CARTOUCHE, à part.
On monte... (Haut.) Va donc voir...
FRANÇOIS.
Si c'est toi que l'on cherche... oui, j'y vais... (Il sort.)
CARTOUCHE, seul.
Pas une minute à perdre... s'ils ont mon signalement, il faut les dépister... Heureusement j'ai toujours, sur moi, tout ce qu'il faut... pour la tête, oui... mais, pour le reste, voyons... qu'est-ce qu'il y a là-dedans?.. (Il ouvre une malle.) Les hardes de mon ami François; ça sera un peu court, mais je m'en aurai que plus l'air d'un nouveau débarqué. (Il s'habille en paysan, se coiffe d'une perruque ébouriffée, rabat un bonnet sur sa tête et se donne toute l'apparence d'un lourdaud.)
FRANÇOIS, rentrant.
Ce sont des soldats qui... Tiens, qu'est-ce que c'est que celui-là?..
CARTOUCHE, patoisant.
Eh! bonjour donc, cousin!..
FRANÇOIS.
Cousin!... d'où tombe-t-il ce cousin-là?...
CARTOUCHE.
Et j' suis vot' cousin Jean Pitou, j'arrive de Bar-sur-Aube; mon pauvre neveu est tombé à la milice, et ça y fait peur d'être soldat, et je suis venu pour voir le petit roi, pour y dire : Sire vot' majesté, mon neveu est tombé à la milice... eh ben! voyons, est-ce que nous ne pourrions pas arranger c't' affaire-là ensemble?... hein?...
FRANÇOIS, le regardant de près.
Comment!.. comment!.. Jean Pitou!... (Le reconnaissant.) Ah bah!... c'est toi qui t'es affublé comme ça... ah bien!... par exemple!... (On frappe à la porte.)
CARTOUCHE.
Tais-toi et laisse-moi faire...
UNE VOIX.
Ouvrez! au nom du roi!.... (Cartouche ouvre la porte.)
FRANÇOIS.
Au nom du roi!...

SCÈNE IV.
LES MÊMES, UN SERGENT, DES ARCHERS.

CARTOUCHE, patoisant à tue-tête.
Bien le bonsoir, mes bons Messieurs, qu'est-ce qu'il y a pour votre service?...

LE SERGENT.
Dites-moi, braves gens, n'auriez-vous pas vu un homme avec un habit de velours galonné... en or?...
FRANÇOIS, à part.
Le costume que portait Dominique!.. Ah! je comprends.
CARTOUCHE.
Attendez donc... un habit de velours, galonné en or...
LE SERGENT.
Oui...
CARTOUCHE.
Ma fine, non, je n'avons point vu ça...
LE SERGENT.
Va-t-il encore nous échapper?...
CARTOUCHE.
Vous tenez donc bien à le prendre, cet homme-là?...
LE SERGENT.
Je crois bien, c'est Cartouche!...
CARTOUCHE.
Eh bien!... qu'est-ce qu'il a donc fait ce M. Cartouche?...
LE SERGENT.
Vous ne savez pas ce que c'est que Cartouche?
CARTOUCHE.
Ma fine, non. Nous sommes deux paysans de ben loin, et il n'y a guère longtemps que le coche nous a amenés de Paris, pour faire du commerce...
LE SERGENT.
Cartouche est un chef de voleurs...
FRANÇOIS.
Un chef de voleurs... Cartouche!.. c'est imposs...
CARTOUCHE, le faisant taire.
Ah! le scélérat!...
LE SERGENT.
Il y a dix mille écus de récompense pour celui qui l'arrêtera mort ou vif...
FRANÇOIS.
Mais, pourtant..
CARTOUCHE, le maintenant toujours.
Dix mille écus! Je voudrais bien les gagner, moi!..
LE SERGENT.
Libre à vous... mais je vous avertis que c'est un coquin dangereux...
CARTOUCHE.
Bon, bon, ce n'est point moi qu'il fera trembler, ce Cartouche-là...
FRANÇOIS.
Mais...
CARTOUCHE, bas et avec violence.
Mais, tais-toi donc! (Il le cloue sur une chaise.)
LE SERGENT.
Continuons nos recherches, camarades.
CARTOUCHE.
Prenez garde, mes bons Messieurs... l'escalier est si mauvais, si glissant... attendez au moins que je vous éclaire. (Il prend la lampe et les accompagne.)
LE SERGENT.
Merci, brave homme. (Il sort avec les archers.)

SCÈNE V.
CARTOUCHE, FRANÇOIS.

CARTOUCHE, refermant la porte.
Suis-je assez poli pour la maréchaussée?...
FRANÇOIS.
Un voleur!... Dominique... un chef de voleurs!...
CARTOUCHE.
Est-ce donc si effrayant!...
FRANÇOIS.
Oh!...
CARTOUCHE.
Bah! nous avons nos chances heureuses, nos jours de plaisir et de fêtes, de la joie sans travail...
FRANÇOIS.
Et des nuits sans sommeil...
CARTOUCHE.
A voir la façon dont tu es logé, vêtu, je devine que tu es pauvre!... veux-tu être des nôtres?... veux-tu partager avec moi?...
FRANÇOIS.
Il a le courage de m'offrir la moitié de sa honte.
CARTOUCHE.
Eh! ce n'est pas de honte qu'il s'agit, mais de richesse, de plaisir, de luxe!.. Ah! si tu savais comme c'est bon, comme c'est beau, le luxe!

FRANÇOIS.
Je ne suis qu'un pauvre diable, dénué de tout; mais j'aimerais mieux souffrir mille morts que de faire une bassesse ou une lâcheté!

CARTOUCHE.
Alors, enrichis-toi honnêtement, et gagne les dix mille écus... en livrant Dominique Cartouche.

FRANÇOIS.
Te livrer?.. Non, non, Dominique, tu n'as rien à craindre de moi!.. Je ne t'ai pas vu, je ne t'ai pas parlé, je ne te connais pas; mais va-t'en, malheureux, va-t'en! (Il lui montre la porte.)

CARTOUCHE.
Par là?.. merci!.. (Grimpant sur l'appui de la fenêtre.) J'aime encore mieux la grande route des chats!.. Ma foi, tant pis, j'emporte tes vêtements... Il était écrit que je te volerais quelque chose... Au revoir, François!

FRANÇOIS.
Adieu... adieu éternel!

CARTOUCHE.
C'est-à-dire que tu n'as plus rien là pour moi?.. tu ne veux pas me serrer la main?..

FRANÇOIS.
Te serrer la main!.. Je le ferai, si tu peux me jurer qu'elle ne s'est jamais souillée d'un meurtre.

CARTOUCHE.
Ah!..

FRANÇOIS.
Le jures-tu?..

CARTOUCHE.
Adieu! (Il disparaît par la fenêtre.)

FRANÇOIS, seul.
Décidément, je n'ai pas de bonheur. Louise, séparée de moi sans retour! Dominique, tombé si bas! Tout ce que j'aimais, perdu, détruit, brisé! Ah! c'est trop de secousses pour une raison comme la mienne!.. Ma pauvre tête n'y résisterait pas... j'en deviendrais fou!.. Allons, allons, j'aime mieux mourir... Je vais planter mon clou!.. (Il ressaisit son marteau, et cogne avec frénésie.) Et cette fois, j'espère, qu'on ne me dérangera plus.

LOUISE, du dehors.
François!.. François!..

Louise! c'est Louise!..

LOUISE.
François!..

FRANÇOIS.
Ah! mon Dieu! mon Dieu! les jambes m'abandonnent... (La porte s'est ouverte violemment, et Louise est entrée avec Jeannette.)

SCÈNE VI.
FRANÇOIS, LOUISE, JEANNETTE.

LOUISE, apercevant François.
Ah! que Dieu soit loué!

FRANÇOIS.
Elle, ici! chez moi!.. Mais comment se fait-il, mon Dieu?

LOUISE.
François... François... je viens vous dire de vivre!

FRANÇOIS.
Vous venez... Mais alors, elle sait donc tout!

JEANNETTE.
Oui, oui, elle sait tout... Je n'ai pas attendu à demain pour lui porter la lettre.

FRANÇOIS.
Elle sait tout... et il n'y a pas de colère dans ses yeux! Vous me pardonnez donc d'avoir voulu mourir à cause de vous?

LOUISE.
Si je vous pardonne! puisque je viens vous dire de vivre!

FRANÇOIS.
Oh! ne me demandez pas ça!..

LOUISE.
Mourir!.. par un suicide!.. Mais, vous n'y songez pas!.. C'est un crime, François!..

FRANÇOIS.
Un crime... oui...

JEANNETTE.
Tu allais abandonner sans appui, sans consolation, toute seule et le cœur brisé, ta mère qui n'a plus que toi!

FRANÇOIS, à part.
Ma bonne vieille mère... que j'avais presque oubliée!..

LOUISE.
Vous ne mourrez pas, François!

JEANNETTE.
Non, non, tu ne mourras pas ainsi, parce que ce serait une lâcheté, François, et que tu n'es pas un lâche!

FRANÇOIS.
Mais comment voulez-vous que je résiste à tant de chagrins?

JEANNETTE.
Il te reste encore un espoir bien généreux, bien noble!.., Ce rang, que le nom et la fortune donnent à d'autres, sache-le conquérir à force de travail et de probité.

LOUISE.
Je crois en vous, moi! L'homme qui a écrit cette lettre, peut suivre hardiment sa voie, car, avec le cœur, on arrive à tout!

FRANÇOIS.
Oh! mon Dieu! mon Dieu!

JEANNETTE.
Qu'au lieu de te tuer, la pensée de Louise de Grandlieu te fasse vivre; qu'au lieu d'une tombe impie, elle t'ouvre une carrière honorable, une existence utile!...

LOUISE.
Tenez, il y a une tâche que je remplirais avec bonheur : ce serait de guider vos premiers pas, de vous aplanir les premiers obstacles. Voulez-vous, dites? voulez-vous que votre sœur de lait devienne votre bonne fée?...

Certainement, qu'il le veut; mais le pauvre garçon n'a pas la force de répondre...

FRANÇOIS, suffoquant, et faisant signe qu'il va parler.
Si... si... j'ai... j'ai de la force... j'en ai... et je vous dirai, mam'selle Louise, à présent, je vivrai toute ma vie!... Tenez, vous voyez, le bonheur me fait dire des bêtises!

JEANNETTE.
C'est égal, je réponds de toi, François, tu feras ton chemin, c'est moi qui te le dis! (Bruit au dehors. Nuit.) Ce bruit, François, écoute... c'est dans la maison...

LOUISE.
Mon Dieu!

FRANÇOIS.
Allez, Mademoiselle, il ne faut pas qu'on vous trouve ici.

JEANNETTE.
Tu as raison. Nous descendons dans ma chambre, et nous y attendrons que le tumulte soit passé...

LOUISE.
Courage, François!...

JEANNETTE.
Courage! (Elles sortent.)

SCÈNE VII.
FRANÇOIS, CARTOUCHE

FRANÇOIS.
Oh! oui, j'en aurai, maintenant! (On entend deux coups de feu. Cartouche s'élance dans la chambre et referme vivement la fenêtre.) Toi?... encore?...

CARTOUCHE.
Impossible de fuir de ce côté. Je viens te demander passage. (Il marche vers la porte que François lui barre.)

FRANÇOIS.
Pas par là...

CARTOUCHE.
Alors, par la cheminée!... (Il disparaît dans la cheminée. Des soldats paraissent sur le toit, et s'arrêtent devant la fenêtre. François s'affaisse contre le mur. — Le rideau tombe.)

CINQUIÈME TABLEAU.

Le théâtre représente le toit de la maison. — Cartouche sort avec précaution d'une cheminée.

SCÈNE PREMIÈRE
CARTOUCHE, seul.

Tout est d'un calme parfait... aucun bruit menaçant ne vient de la rue... descendons sur le toit... Ouf! m'y voilà!... je dois être noir comme un Savoyard, à présent!... Et les habits de ce bon François, dans quel état sont-ils!... Ah! j'ai déjà fréquenté beaucoup de cheminées, je n'en ai jamais trouvé de plus désagréable!... Le jour est venu... il faut que je trouve un moyen de fuir... Voyons de ce côté... (D'Orbessan se dresse devant lui le pistolet à la main.)

SCÈNE II.
D'ORBESSAN, CARTOUCHE

D'ORBESSAN.
Halte-là, monsieur Cartouche!

CARTOUCHE.
Tiens! c'est vous? Bonjour, monsieur le comte.
D'ORBESSAN.
Bonjour, monsieur Cartouche.
CARTOUCHE.
Je présume que vous n'avez pas l'intention de me barrer le passage, monsieur le comte ?
D'ORBESSAN.
Je vous demande pardon, monsieur Cartouche. Je ne suis pas ici pour autre chose.
CARTOUCHE, cherchant une arme.
Ah! ah! (A part.) Tonnerre!... j'ai oublié mes armes dans l'habit que j'ai quitté!...
D'ORBESSAN.
Vous n'avez pas l'air très-ravi de me trouver là...
CARTOUCHE.
Pourquoi donc?...
D'ORBESSAN.
Ah! vous voilà pris au piége?...
CARTOUCHE.
Eh bien! mais... ce ne sera pas la première fois.
D'ORBESSAN.
J'espère bien que ce sera la dernière!
CARTOUCHE.
Vous croyez?
D'ORBESSAN.
Oui. J'ai voulu vous montrer, que si M. d'Orbessan n'était pas difficile à voler, monsieur Cartouche n'était pas, en revanche, difficile à prendre. Sur ce, je vais avoir la satisfaction de vous arrêter moi-même!
CARTOUCHE.
Emparez-vous donc de moi, monsieur le comte! (Il grimpe jusqu'à la crête du toit.) Osez venir me chercher là... Je vous en défie!
D'ORBESSAN.
Misérable! (Il s'élance vers Cartouche, et ils se saisissent tous les deux.)
CARTOUCHE.
Plus de courage que de prudence, cher Monsieur. Vous voilà pris à votre tour! (Il se penche avec lui sur le rebord du toit.)
D'ORBESSAN.
Eh! sarpejeu! prenez donc garde... nous allons rouler tous les deux dans la rue! Car vous sentez bien que je ne vous lâcherai pas?
CARTOUCHE.
Et... si c'est mon intention...
D'ORBESSAN.
Comment?
CARTOUCHE.
Ecoutez-moi, monsieur le comte : Si je suis arrêté, je cours grand risque d'être roué en place de Grève, n'est-ce pas?
D'ORBESSAN.
C'est probable!
CARTOUCHE.
Eh bien! alors, j'aimerais autant me briser la tête sur le pavé... en votre compagnie, bien entendu... (Il se penche de nouveau.
D'ORBESSAN.
Faites donc attention, que diable, vous nous penchez trop...
CARTOUCHE.
Je crois que vous avez peur...
D'ORBESSAN.
Peur, moi... je trouve seulement que ce serait une fin si ridicule, une mort si bête!...
CARTOUCHE.
Évitez-la...
D'ORBESSAN.
Comment?...
CARTOUCHE.
Jurez qu'une fois hors de cette étreinte vous ne tenterez jamais de me faire arrêter.
D'ORBESSAN.
Impossible de vous jurer cela... J'ai déjà fait le serment contraire.
CARTOUCHE.
Alors, mourons ensemble. (Il fait un effort, tous deux sont penchés et près d'être précipités dans la rue.)
D'ORBESSAN.
Allons donc, finissons-en.
CARTOUCHE, se relevant à demi.
Un mot encore... promettez-vous du moins de ne pas tirer sur moi?...
D'ORBESSAN.
Je le promets!
CARTOUCHE.
De vous en aller de votre côté, tandis que je m'en irai du mien?..

D'ORBESSAN.
Soit! mais je ne promets que cela.
CARTOUCHE.
J'ai votre parole?..
D'ORBESSAN.
Je vous la donne...
CARTOUCHE, le lâchant.
Allez donc, Monsieur.
D'ORBESSAN.
Maladroit qui me laisse libre!...
CARTOUCHE.
Monsieur le comte!
D'ORBESSAN.
Je vous ai déjà dit que de vous à moi il n'y avait point de générosité possible! (Il arme un pistolet.)
CARTOUCHE.
Vous avez juré de ne pas vous servir de vos armes contre moi.
D'ORBESSAN.
C'est vrai... aussi je ne tire pas sur vous... je tire en l'air!... (Au bruit de la détonation, des archers paraissent de tous côtés et couchent Cartouche en joue. — Le jour est venu progressivement pendant la scène précédente et on aperçoit Paris à vol d'oiseau, avec un effet de soleil levant.) Je n'ai pas manqué à ma parole mais vous n'en serez pas moins arrêté.

SCÈNE III.
LES MÊMES, UN SERGENT, EXEMPTS et ARCHERS.
D'ORBESSAN.
Eh bien! monsieur Cartouche?...
CARTOUCHE.
Cette fois, je suis pris, monsieur d'Orbessan
D'ORBESSAN.
Vous êtes encore libre de préférer le pavé à la place de Grève.
CARTOUCHE.
Ma foi, non, j'ai changé d'idée... (Aux archers.) garrottez-moi! n'ayez donc pas peur, poltrons! (Il leur présente lui-même ses deux mains.) A propos, Monsieur, je dois vous prévenir qu'une fois sorti de prison, ce ne sera plus entre nous qu'une lutte à mort!
D'ORBESSAN.
A mort... pour vous!... Eh! bon Dieu, quel air pensif vous avez!... à quoi songez-vous donc?...
CARTOUCHE.
Je songe à ma prochaine évasion... Ce sera la vingt-septième, monsieur le comte.
D'ORBESSAN, penché sur le bord du toit.
Messieurs, Cartouche est pris!... (Des acclamations montent de la rue.)
TOUS LES ARCHERS.
Victoire!...

ACTE QUATRIÈME.

SIXIÈME TABLEAU.

Une prison,

SCÈNE PREMIÈRE.
CARTOUCHE, LE PREMIER GEOLIER.
CARTOUCHE.
Ah çà! monsieur le geôlier, d'où vient que depuis ce matin vous restez ici, enfermé avec moi?...
PREMIER GEÔLIER.
C'est un nouvel ordre que j'ai reçu.
CARTOUCHE.
Un nouvel ordre?...
PREMIER GEÔLIER.
Oui, il m'est défendu de m'éloigner, ne fût-ce qu'un instant.
CARTOUCHE.
Diable! et pourquoi cette nouvelle précaution?
PREMIER GEÔLIER.
De peur que l'envie ne vous prenne de vous en aller, pour la vingt-septième fois; il m'est interdit de vous quitter, et il y a là, derrière ce guichet, six hommes prêts à entrer à mon appel.
CARTOUCHE.
C'est fort prudemment arrangé; mais s'il me vient quelque visiteur, comme hier, comme tous ces jours derniers, où j'ai vu les plus brillants seigneurs de la cour, les femmes du plus grand monde solliciter comme une précieuse faveur la permission de me voir?...

PREMIER GEÔLIER.
Dans ce cas, c'est différent. Quand vous êtes avec des gens connus, et dûment autorisés par le lieutenant de police, il n'y a pas d'évasion à craindre; mais dès qu'ils sont partis, j'ai ordre de rentrer, et de ne jamais vous laisser seul!

CARTOUCHE.
Alors, attendons les visites.

PREMIER GEÔLIER.
Oh! il n'en vient plus guère.

CARTOUCHE.
Et vous le regrettez. On ne sortait d'ici qu'en vous donnant de bons pourboires. (Lui jetant une bourse.) Tiens, drôle, voilà pour adoucir l'amertume de tes regrets.

PREMIER GEÔLIER.
Une bourse pleine de louis d'or! de vrais louis, dites donc?

CARTOUCHE.
Est-ce que tu crois que M. le lieutenant de police fait de la fausse monnaie?

PREMIER GEÔLIER.
Comment, c'est la bourse du lieutenant de police?

CARTOUCHE.
Mais oui. Il est venu m'interroger hier. Il m'a pris vingt minutes de mon temps, c'était bien le moins que je lui prisse une vingtaine de pistoles.

PREMIER GEÔLIER.
h çà! entendons-nous, j'accepte l'argent, mais...

CARTOUCHE.
Mais je ne te demanderai rien en échange, c'est convenu. As-tu dit au concierge que je désirais une plume, du papier et de l'encre?...

PREMIER GEÔLIER.
Oui, mais il en a référé à M. l'inspecteur, qui a beaucoup ri et qui a donné l'ordre de vous les refuser.

CARTOUCHE.
Que de précautions inutiles!...

DEUXIÈME GEÔLIER, introduisant d'Orbessan.
C'est ici, monsieur le comte.

CARTOUCHE.
D'Orbessan!

DEUXIÈME GEÔLIER.
Voici le déjeuner du prisonnier. (Il dépose un pain et une cruche sur la table.)

D'ORBESSAN.
C'est bien; laissez-nous.

CARTOUCHE.
Laissez-nous.

PREMIER GEÔLIER.
Oui, jusqu'au départ de M. le comte. (Les deux geôliers sortent.)

SCÈNE II.

CARTOUCHE, D'ORBESSAN.

CARTOUCHE.
C'est fort aimable à vous d'être venu, monsieur d'Orbessan...

D'ORBESSAN.
Vous ne vous attendiez pas à me voir.

CARTOUCHE.
Non; pas aujourd'hui, mais demain.

D'ORBESSAN.
Pourquoi, demain?

CARTOUCHE.
J'avais l'intention, monsieur le comte, d'aller vous rendre visite.

D'ORBESSAN.
Me rendre visite?

CARTOUCHE.
Mais oui.

D'ORBESSAN.
Chez moi? dans mon hôtel?...

CARTOUCHE.
Mais oui.

D'ORBESSAN.
Vous aimez à plaisanter, monsieur Cartouche?

CARTOUCHE.
Quelquefois; mais en ce moment, je suis très-sérieux. Je m'ennuie ici... je veux m'en aller!...

D'ORBESSAN.
Et c'est pour vous distraire, que vous avez, dit-on, demandé des plumes, du papier...

CARTOUCHE.
Et de l'encre... Quand on voit si peu de monde, il est naturel qu'on ait à écrire à bien des gens...

D'ORBESSAN.
Oui, mais on a eu la cruauté de vous refuser.

CARTOUCHE.
Ce n'était pas pour qu'on me les donnât que je demandais toutes ces choses.

D'ORBESSAN.
Vraiment?... et pourquoi donc alors?...

CARTOUCHE.
Pour que mes amis pussent apprendre ce dont j'avais besoin. Tenez, monsieur le comte, je suis plein de confiance, et je n'ai pas de secret pour vous. (En disant ces mots, il casse son pain et en tire du papier, une plume, de l'encre et une fiole. Il étale le tout devant lui.) Voilà mon affaire... de l'encre, une plume et du papier.

D'ORBESSAN.
Ah bah!...

CARTOUCHE.
Mais oui!.. (A part.) Ah! la fiole d'opium, bien!.. Un billet?.. voyons... « Capitaine, je t'envoie le plus pressé, je tâcherai de te porter le reste moi-même... » (Haut.) A merveille!

D'ORBESSAN.
Vous êtes content de votre correspondance?...

CARTOUCHE.
Mais oui; je suis assez bien servi; ah çà! je vous crois trop bon gentilhomme pour abuser de la confiance que j'ai en vous?...

D'ORBESSAN.
Comment donc, la confiance de M. Cartouche m'honore infiniment!.. Ah! je sais en effet que vous avez des amis qui rôdent autour de cette prison.

CARTOUCHE.
Vous le savez?

D'ORBESSAN.
Oui, et tout à l'heure un de ces drôles a osé s'approcher de moi et me parler.

CARTOUCHE.
Il a osé cela!..

D'ORBESSAN.
« Vous allez voir Cartouche, monsieur d'Orbessan, m'a-t-il dit, veuillez donc vous charger de lui donner un coup de chapeau de ma part. »

CARTOUCHE, réfléchissant.
Un coup... de... chapeau... (A part.) Je comprends!.. cela signifie qu'à sa sortie, son chapeau sera visité par eux.

D'ORBESSAN.
Je me demande ce que voulait dire ce bandit... « Donnez-lui... de ma part... un... »

CARTOUCHE, riant.
Eh bien! cela signifiait, monsieur le comte... qu'il avait besoin de votre montre.

D'ORBESSAN, tâtant son gousset.
Ma montre! c'est parbleu vrai!.. Allons, ils sont adroits, vos hommes!

CARTOUCHE.
Merci pour eux de votre approbation.

D'ORBESSAN.
Ah çà! quand vous aurez fini d'écrire, il s'agira de faire porter votre lettre... Ce sera difficile, ici.

CARTOUCHE.
Elle sera envoyée avant une demi-heure... Vous permettez, monsieur le comte?

D'ORBESSAN.
Faites donc, je vous en prie...

CARTOUCHE.
C'est à la femme que j'aime que j'adresse cette lettre.

D'ORBESSAN.
Vous lui conseillez la patience?

CARTOUCHE.
Non, je lui annonce ma prochaine arrivée.

D'ORBESSAN.
Eh bien! vrai, j'admire cet aplomb et ce calme d'esprit qui, même en prison, vous permettent de songer à l'amour.

CARTOUCHE.
Cela vous étonne, monsieur le comte?.. Mais c'est en prison, c'est sous les verrous que s'épanouissent les sentiments les plus tendres... L'amour est une fleur qui cherche l'ombre. C'est entre les murs noircis de ce cachot que le mien a grandi. Oui, j'aime... comme je n'avais jamais aimé. C'est qu'autrefois, lorsque j'étais libre, ma vie était partagée entre mes expéditions à tenter, de mes hommes à conduire, des exempts à duper, et je n'avais que de rares instants à donner à l'amour.

D'ORBESSAN.
Ici, au contraire, deux pensées seulement vous occupent.

CARTOUCHE.
Deux?..

D'ORBESSAN.
L'amour et l'évasion.

CARTOUCHE.
Oh! l'évasion ne m'occupe guère... c'est trop facile.

D'ORBESSAN.
Ah!.. c'est... trop facile...

CARTOUCHE.
A mes yeux, du moins. Tenez... si vous voulez en juger... écoutez ce passage de ma lettre : « Mon ange bien aimé, quitte ce Paris maudit, où des piéges sont tendus à chaque pas à ton innocence, à ta vertu. Retourne dans le village qui t'a vue naître, et où j'irai te rejoindre plus tard... Alors, nous ne nous quitterons plus, et tu seras ma femme, oui, ma femme, car je t'aime plus que tout au monde. »

D'ORBESSAN.
Mais c'est touchant au possible, mon cher monsieur Cartouche !

CARTOUCHE.
Voici la fin : « Je quitterai aujourd'hui même l'asile où je suis retenu, et dans quelque temps je serai près de toi. »

D'ORBESSAN.
Charmant! adorable!

CARTOUCHE.
Je ferme ma lettre...

D'ORBESSAN.
Eh bien! vous me voyez tout confus...

CARTOUCHE.
Pourquoi donc?

D'ORBESSAN.
Imaginez-vous que, sachant.. je veux dire : supposant que dans quelques jours on devait vous conduire en place de Grève, j'étais venu vous faire ma visite de condoléance... (Sérieusement.) J'étais venu vous dire : Cartouche, j'ai aidé à ton arrestation, j'aurai hâté le moment de ton supplice, et pour cela je veux adoucir, s'il se peut, la fin de cette vie coupable. Si tu laisses derrière toi quelque faute, quelque crime dont tu te repentes assez pour vouloir le réparer, quelque victime dont le souvenir te poursuive dans tes dernières heures, et dont je puisse améliorer le sort, je me chargerai d'accomplir cette réparation, qui te méritera peut-être là-haut un jugement moins terrible. (Cartouche, assis près de la table, se prend la tête dans ses deux mains, et demeure absorbé et silencieux.) Vous... ne répondez pas?..

CARTOUCHE, à lui-même.
Un jugement moins terrible!... Oh! le passé!... le passé!... (Haut, et se levant brusquement.) Ah bah!.. l'avenir est à moi!.. Merci, monsieur le comte, merci de votre offre généreuse; mais ce soir, je serai libre.

D'ORBESSAN.
Libre !..

CARTOUCHE.
Demain, j'aurai échangé les haillons que je porte ici, contre des habits de velours et de soie... demain, je reprendrai ma bonne vie de plaisirs et de luxe. Je couvrirai mes cheveux de parfums, et j'abriterai ma tête sous un feutre plus fin, plus élégant que le vôtre... (A part.) C'est ma boîte aux lettres. (Il joue avec le chapeau, et glisse la lettre sous la cocarde.) Ces plumes sont déjà fanées, j'en aurai de plus belles.... (Il rend le chapeau à d'Orbessan, qui le met sur sa tête.) Allons, décidément, je ne me fournirai pas chez votre chapelier.

D'ORBESSAN.
Puisque vous partez aujourd'hui, je ne veux pas vous importuner plus longtemps... Adieu, monsieur Cartouche !

CARTOUCHE.
Au revoir, monsieur le comte.

D'ORBESSAN.
A quelle heure partez-vous?

CARTOUCHE.
Mais... vers cinq heures.. à peu près...

D'ORBESSAN.
En sorte que, si je venais à six?..

CARTOUCHE.
Vous ne me trouveriez plus.

D'ORBESSAN.
N'importe!.. Eh bien!.. je reviendrai...

CARTOUCHE.
C'est ça, oui, venez donc... je laisserai un mot pour vous.

D'ORBESSAN, revenant sur ses pas.
Un mot... pour moi?.. A propos... et votre lettre, qui devait partir... avant une demi-heure?..

CARTOUCHE.
Ma lettre?.. elle est en route.

D'ORBESSAN, riant.
En route!.. Allons, vous êtes charmant... au revoir !

CARTOUCHE.
Au revoir. (D'Orbessan frappe à la porte de la prison. — Le geôlier le fait sortir, puis il vient s'installer auprès de Cartouche.) Hein?.. qu'est-ce que vous me voulez?

LE GEÔLIER.
Rien.

CARTOUCHE.
Ah! bon! je suis seul... et vous venez, suivant la consigne, me tenir compagnie?

LE GEÔLIER.
Justement.

CARTOUCHE.
Aimable prévenance! Et ce sera toujours ainsi?

LE GEÔLIER.
Toujours.

CARTOUCHE.
Vous ne me laisserez jamais isolé?

LE GEÔLIER.
Jamais!

CARTOUCHE.
Même la nuit?..

LE GEÔLIER.
Même la nuit.

CARTOUCHE.
Vous êtes adorable!.. (Il lui tourne le dos et marche avec colère. — Un second geôlier entre et parle bas au premier.)
Ah! ah!

LE GEÔLIER.
Quoi?

CARTOUCHE.

LE GEÔLIER.
Il y a encore là quelqu'un qui demande à vous voir.

CARTOUCHE.
Encore! diable !..

LE GEÔLIER.
Ce sont des gens munis de l'autorisation du lieutenant de police... Impossible de refuser.

CARTOUCHE.
Je m'arrangerai pour qu'ils ne restent pas longtemps.

LE GEÔLIER.
Entrez, Madame, entrez.

CARTOUCHE.
Une dame !

SCÈNE III.

LES MÊMES, GRIBICHON, en vieille douairière. Il est vêtu d'une grande robe à ramages, très-ample. Charlot le suit déguisé en petit laquais nègre, et portant la queue de sa robe.

GRIBICHON fait, en s'éventant, le tour de la prison, toujours suivi de Charlot, qui porte la queue de sa robe.
Ah! c'est ici la prison de ce grand criminel!... il est très-bien logé, ce scélérat... mais où donc est-il?...

LE GEÔLIER.
Le voilà, Madame.

GRIBICHON.
Oh !...

CARTOUCHE, à part, le reconnaissant.
Gribichon !..

GRIBICHON.
Bonjour, voleur... (Au geôlier.) Je suis la douairière Nathalie-Hermangarde-Cunégonde de Val-d'Enfer... J'ai été la victime d'un vol horrible, commis par son horrible bande... Hélas!... on m'a pris bien des choses!... et j'ai obtenu de M. le lieutenant de police la permission de venir voir ce faquin, dans l'espoir que je ferais naître le repentir dans son âme, et que je retrouverais ainsi une partie de ce qu'on m'a dérobé !

CARTOUCHE.
Je suis prêt à vous entendre, Madame.

GRIBICHON.
Tenez, geôlier, voici l'ordre. (Il lui donne un papier.) Laissez-moi tenter de toucher l'âme de cet infâme brigand.

LE GEÔLIER, qui a examiné le papier.
C'est en règle, j'obéis, Madame. (Il sort.)

SCÈNE IV.

LES MÊMES, moins LE GEÔLIER.

CARTOUCHE.
Gribichon, tu es magnifique !

GRIBICHON.
Je suis une belle femme, n'est-ce pas, capitaine ?

CARTOUCHE.
Ah çà ! et ce permis du lieutenant de police ?

GRIBICHON.
Doublemain en a une superbe, et toutes les écritures lui sont familières. (A Charlot.) Mais lâche donc ma robe !

CHARLOT.
Bonjour, capitaine.
CARTOUCHE.
Ah ! Dieu me pardonne ! c'est Charlot !..
CHARLOT.
Pour lors, capitaine, que vous avez donc été mis aux arrêts par le général ?...
CARTOUCHE.
Qu'est-ce qu'il dit, l'imbécile ?...
CHARLOT.
Dame ! capitaine...
GRIBICHON.
Oui, oui... je te l'ai dit, le capitaine a été mis aux arrêts pour...
CHARLOT.
Pour avoir laissé ensauver des voleurs...
GRIBICHON.
Juste... et nous venons l'aider à sortir d'ici... Qu'est-ce qu'il te faut, capitaine ?
CARTOUCHE.
Je t'avais demandé d'abord un déguisement pour qu'une fois dehors on ne reconnût pas la livrée de la maison.
GRIBICHON.
Tire, Charlot, tire... (Charlot décroche les effets successivement de dessous la robe à queue.) Habit... veste.... et le reste, voilà !...
Ah ! le chapeau et la perruque... (Il les lui donne.)
CARTOUCHE.
Mais c'est un costume complet !...
GRIBICHON.
Et avec ça ?
CARTOUCHE.
Ah ! dame !... il m'aurait fallu une échelle de corde...
GRIBICHON.
Une échelle de corde !... (A Charlot.) Tire, Charlot, tire... (Charlot tire de dessous la robe une échelle qui se déroule dans toute la longueur du théâtre.)
CARTOUCHE.
L'échelle aussi... C'est admirable !
GRIBICHON.
Mais oui, je n'ai pu faire passer à l'Éveillé, qui t'aidera dans ton évasion, que quinze ou vingt pieds de corde, et ça serait trop court.
CARTOUCHE.
Tandis qu'en y joignant ceci...
GRIBICHON.
Et maintenant ... il ne te manque plus rien ?...
CARTOUCHE.
Mais non...
GRIBICHON, tirant des pistolets de ses poches.
Et les joujoux. (La robe de Gribichon s'est aplatie à mesure qu'on a enlevé tous les objets qui s'y trouvaient dessous.)
CARTOUCHE, prenant les pistolets.
Ah ! c'est juste, on ne sait pas ce qui peut arriver.
CHARLOT, regardant Gribichon.
Ah !... comme elle est maigrite... la lieutenante... (Sur l'ordre de Cartouche, il fait un paquet de tous les objets apportés par Gribichon, et le cache ensuite sous le lit.)
CARTOUCHE, prenant Gribichon à l'écart.
Eh bien ?... et l'Éveillé ?...
GRIBICHON.
Il s'est fait arrêter, et, comme tu l'avais prévu, il est enfermé dans la prison au-dessus de la mienne.
CARTOUCHE.
Il n'y avait que celle-là qui ne fût pas occupée et qui eût une fenêtre... Et il attendra le signal ?...
GRIBICHON.
Tu pourras le donner quand tu voudras.
CARTOUCHE.
Quand je voudrai !.. quand je pourrai, on ne me laisse plus seul.
GRIBICHON.
Alors, comment feras-tu pour t'évader ?..
CARTOUCHE.
J'attends un ami dont la présence tiendra le geôlier éloigné, et qui, je l'espère bien, favorisera ma fuite.
GRIBICHON.
Et cet ami ?.. (Bruit au dehors.)
CARTOUCHE.
Silence !..
GRIBICHON.
Ici, Charlot !.. (Charlot descend en scène, il éternue et se mouche, en sorte que son nez se dessine tout entier en blanc sur le fond noir qui lui couvre le visage.)
LE GEÔLIER, reparaissant.
Entrez, Monsieur, entrez...

CARTOUCHE.
François !.. filez vite !..
GRIBICHON, bas, à Charlot.
Ma queue... porte donc la queue de ma robe !.. Ah ! malheureux !.. ton nez déteint, cache ton nez, cache donc ton nez !..
(Haut.) Allons... puisque je ne puis toucher cette âme endurcie, et l'amener à résipiscence, je me retire, monsieur le geôlier...
Ah ! je suis toute bouleversée !.. cette scène m'a terriblement agité les nerfs... (Il sort en s'éventant, suivi de Charlot qui, tout ahuri d'abord, finit par se cacher le visage avec son mouchoir.)

SCÈNE V.
CARTOUCHE, FRANÇOIS, LE GEÔLIER.
CARTOUCHE.
Mon cher François !.. ah ! je n'espérais plus te voir !..
FRANÇOIS.
Tu m'as fait prier de venir, qu'as-tu à me demander ?..
CARTOUCHE.
Il s'agit d'un désir qui te semblera peut-être étrange, d'une fantaisie de condamné..., m'accorderas-tu ce que je vais te demander ?..
FRANÇOIS.
Si je le peux, sans manquer à ma conscience.
CARTOUCHE.
Oh ! sois sans crainte... je respecte l'honnêteté des sentiments. Ce que je te demande, c'est la réalisation d'un rêve que j'ai fait. Je me voyais, comme dans notre enfance, attablé avec toi dans le réfectoire du collége... je n'étais plus à tes yeux Cartouche le bandit... tu m'appelais Dominique... le pain que nous mangions ensemble... n'avait plus l'amertume du pain volé, et dans nos verres qui se choquaient joyeusement, ruisselait cet honnête vin clairet que je buvais jadis, chez mon père le tonnelier. François, avant que je meure, veux-tu me faire la grâce de réaliser ce beau rêve ?..
FRANÇOIS, après un temps.
Oui.
CARTOUCHE, joyeux.
Merci.
FRANÇOIS, au geôlier.
Il n'est pas défendu de dîner avec le prisonnier ?..
CARTOUCHE.
D'ailleurs, je paye bien... tu le sais... j'ai par là une autre bourse.
LE GEÔLIER.
Ah bah !.. Est-ce que M. le lieutenant de police est encore venu ?..
CARTOUCHE.
Lui ou un autre... qu'importe ?..
LE GEÔLIER.
Je vais à la cantine... ça ne sera pas long !.. (Il sort.)
FRANÇOIS.
Ainsi, tu as renoncé à tout espoir d'évasion ?
CARTOUCHE.
Hélas ! oui...
FRANÇOIS.
Tu ne feras plus aucune tentative ?
CARTOUCHE.
A quoi bon ?
FRANÇOIS.
Eh bien, tu as raison, Dominique, je connais ta vie passée, maintenant ! elle n'est pas assez belle pour que tu essayes de la continuer.
CARTOUCHE, à part.
Merci... (Haut.) C'est vrai, François... et je prends mon parti. Je te prie seulement de me rendre un service... (Il se remet à écrire.)
FRANÇOIS.
Lequel ?
CARTOUCHE.
C'est de remettre ce billet au comte d'Orbessan.
FRANÇOIS.
Au comte d'Orbessan !... où ?... quand ?..
CARTOUCHE.
Sois tranquille, c'est lui qui viendra te trouver... tu n'oublieras pas ce nom ?.. d'Orbessan ?..
FRANÇOIS.
D'Orbessan !.. Sois sans crainte... je m'en souviendrai...
CARTOUCHE, lui donnant le billet.
Tiens...
FRANÇOIS.
C'est convenu... dès que je le verrai...
LE GEÔLIER, rentrant avec un garçon qui porte un panier.
Voilà le dîner. (Le garçon met le couvert, aidé du geôlier.)
CARTOUCHE.
A merveille ! à table !..

FRANÇOIS, tristement.

A table, soit… (Le geôlier et le garçon sortent.)

CARTOUCHE.

Qu'as-tu donc?..

FRANÇOIS.

Cela me fait un drôle d'effet, de me retrouver là, avec toi. J'ai le cœur tout triste en songeant que bientôt… Ah! Dominique, pourquoi n'es-tu pas un honnête homme! j'aurais été ton ami jusqu'à la mort.

CARTOUCHE.

Et si j'avais été enfermé comme je le suis, et que tu eusses pu me sauver?..

FRANÇOIS.

Je l'aurais fait au péril de ma vie.

CARTOUCHE.

Et si tu pouvais m'aider à m'évader aujourd'hui, le ferais-tu?…

FRANÇOIS, avec effroi.

Aujourd'hui…

CARTOUCHE.

Et sans que ce soit au péril de ta vie… Parle, parle, François…

FRANÇOIS.

Comment… moi…je pourrais… je pourrais te sauver, Dominique?..

CARTOUCHE.

Oui, je puis m'évader, te dis-je, et si un ami, dont la présence suffit pour tenir les gardiens éloignés, consentait à me laisser partir sans appeler, s'il m'aidait à détourner les soupçons et me donnait seulement une demi-heure… je serais libre.

FRANÇOIS.

Libre?…

CARTOUCHE.

Oui, François, oui… tu peux m'arracher à la prison… à la mort… au supplice le plus honteux… le plus horrible!..

FRANÇOIS.

Dominique, Dominique… ne me tente pas!..

CARTOUCHE.

Souviens-toi de notre amitié… de notre enfance… de ce temps où je te protégeais, où je te défendais contre tous…

FRANÇOIS.

Tais-toi… tais-toi, malheureux!..

CARTOUCHE.

François, mon sort est entre tes mains… veux-tu que je vive, François, ou bien, veux-tu me livrer au bourreau?…

FRANÇOIS.

Mais… tu vois bien que je pleure… tu vois bien que tu me rends fou!…

CARTOUCHE.

Allons, parle… prononce, c'est mon arrêt que j'attends…

FRANÇOIS.

Eh bien!.. (Avec force.) Eh bien!.. non, non, tu recommencerais ton existence de vols et de meurtres!…Non, je ne dois pas aider à ta fuite… Car, en te sauvant, je deviendrais le complice de tes crimes à venir… car en te sauvant, enfin, toi… que je ne peux pas m'empêcher d'aimer encore… j'aurai marqué d'avance de nouvelles victimes!… Oh! non, je ne veux pas, je ne veux pas…

CARTOUCHE, haut.

Allons, le sort en est jeté… je reste… (A part.) Tu me sauveras malgré toi… (Haut.) Tu ne me refuseras pas au moins de boire une dernière fois avec moi?

FRANÇOIS, s'éloignant de la table.

Je n'ai pas soif.

CARTOUCHE, à part, tirant un flacon de sa poche.

Quelques gouttes suffiront pour l'endormir… (Il les verse dans un verre rempli de vin et le lui présente.) François, ce n'est pas à mon évasion, ce n'est pas à ma liberté, ce n'est au rachat de ma vie passée, c'est à mon repentir que je te demande de boire avec moi.

FRANÇOIS.

Oh! alors… à ton repentir, Dominique. (Il boit.)

CARTOUCHE.

Merci!… (A part.) A présent, je suis tranquille.

FRANÇOIS.

Il ne faut pas m'en vouloir, Dominique; mais c'est ma conscience, c'est ma religion, vois-tu, qui m'empêchent…

CARTOUCHE, l'observant.

Je ne t'en veux pas, François, je ne t'en veux pas.

FRANÇOIS.

Eh bien! tant mieux… ça me… ça… tiens… qu'est-ce que j'ai donc?..

CARTOUCHE.

Assieds-toi, François…

FRANÇOIS.

C'est singulier, j'ai des éblouissements… il me semble que ma tête pèse un mille… qu'est-ce que je te disais?… Ah! que j'aurais voulu te sauver, mais je te connais bien… et quand même tu m'aurais juré… que… C'est singulier!… il me semble que mes yeux… se ferment… que… je vais dormir…

CARTOUCHE, avec ironie.

Eh bien… dors… bonne nuit, l'ami François.

FRANÇOIS.

De quel air tu me dis cela… est-ce que… (Montrant le verre.) Ah! c'est toi!…

CARTOUCHE.

Peut-être… Allons… cesse de lutter… la lutte est impossible.

FRANÇOIS.

Impossible!.. oui… je… je le sens… je… (Avec force.) Eh bien! non!.. je ne dormirai pas!.. j'appellerai à moi… à m….. (Il tombe endormi.)

CARTOUCHE.

J'ai réussi!.. A présent, ne perdons pas une minute… (Il porte François sur son lit, et le couvre de sa casaque de prisonnier.) Maintenant, mon déguisement… Non, au fait, je m'habillerai là-haut… on pourrait s'étonner de notre silence et entrer avant que je ne fusse prêt… (Il frappe dans ses mains, puis va prendre le paquet de hardes, une ouverture se fait au plafond.)

L'ÉVEILLÉ, à l'étage supérieur.

J'y suis, capitaine.

CARTOUCHE.

La corde…

L'ÉVEILLÉ.

Voilà. (Une corde descend, à laquelle Cartouche attache le paquet d'habits et l'échelle.) Enlève!.. (La corde remonte.)

FRANÇOIS, rêvant.

Cartouche… un crime…

CARTOUCHE, s'élançant vers lui.

Hein!… il dort… (A L'Éveillé.) Hâte-toi.

L'ÉVEILLÉ.

Venez, capitaine. (Une grosse corde descend par l'ouverture du plafond.)

CARTOUCHE.

Allons… (Il grimpe après la corde.) Adieu, François; et vous, monsieur d'Orbessan, au revoir… (Il disparaît au moment où la porte s'ouvre.)

SCÈNE VI.

FRANÇOIS, endormi; LE GEÔLIER, D'ORBESSAN.

LE GEÔLIER.

Entrez, monsieur le comte, vous allez le trouver avec un ami.

D'ORBESSAN.

Mais je ne le vois pas.

LE GEÔLIER.

Eh! si fait… le voilà sur son lit, il dort.

D'ORBESSAN.

Eh bien, et cet ami dont vous parliez?..

LE GEÔLIER.

L'ami?… eh bien, il est… Où est-il donc?… Je suis pourtant bien sûr de ne l'avoir pas fait sortir…

D'ORBESSAN.

Diable! voilà qui est louche… Voyons… (Allant à François.) Eh! monsieur Cartouche!… monsieur Cartouche!… (Il se retourne.) Que vois-je?… ce n'est pas lui!…

LE GEÔLIER.

Hein? comment?

D'ORBESSAN.

Ce n'est pas lui, vous dis-je!

LE GEÔLIER.

Miséricorde!… Alerte… alerte…

D'ORBESSAN.

Hé!… l'homme! parlez… répondez donc!…

FRANÇOIS, se réveillant à demi.

Hein!… que voulez-vous?… qui êtes-vous?…

D'ORBESSAN.

Je suis le comte d'Orbessan… et je veux…

FRANÇOIS.

D'Or… d'Orbessan… d'Orbessan… ah! j'ai une lettre pour vous…

D'ORBESSAN.

Une lettre?…

FRANÇOIS.

Oui… là… dans mon gilet… Bonsoir… je dors… (Il retombe sur le lit.)

D'ORBESSAN, prenant la lettre.

De Cartouche!… (Il lit.) « Vous êtes revenu me voir, je vous en remercie ; quand vous serez chez moi, je serai chez vous, monsieur le comte. » (Les gardiens et les soldats entrent.)

D'ORBESSAN.

Courez sur toutes les routes, Cartouche est évadé ! (Mouvement général.)

ACTE QUATRIÈME.

SEPTIÈME TABLEAU.

Une place de village.

SCÈNE PREMIÈRE.

(Au lever du rideau des paysans dansent en rond, d'autres boivent.)

PREMIÈRE PAYSANNE.

C'est donc vrai, hein? que c'est aujourd'hui qu'elle se marie?

DEUXIÈME PAYSANNE.

La Jeannette? y disent que oui.

TROISIÈME PAYSANNE.

Y disent aussi que non.

PREMIÈRE PAYSANNE.

Pourquoi qu'y disent que non?

TROISIÈME PAYSANNE.

Parce que l' marié est trop riche pour elle.

DEUXIÈME PAYSANNE.

Qué qu' ça fait, si elle est assez jolie pour lui.

PREMIÈRE PAYSANNE.

Et si elle est bonne par-dessus l' marché pour les deux.

DEUXIÈME PAYSANNE.

Oh! bonne! elle ne le sera toujours que trop, n' faut pas l'être beaucoup pour qu'un ménage marche bien.

PREMIÈRE PAYSANNE.

M'est avis que le tien doit joliment marcher alors?

DEUXIÈME PAYSANNE.

Y va comme il veut, ça ne regarde personne.

SCÈNE II.

LES MÊMES, PAYSANS et PAYSANNES, GRIBICHON, en ménétrier, les conduisent tous.

GRIBICHON.

C'est ici, voilà la demeure de la mariée.

PREMIER PAYSAN.

Tiens, c'est le nouveau cabaretier.

GRIBICHON.

Moi-même, mes enfants. J'ai été au service du marié, et comme je me suis retiré des affaires, c'est dans le pays de sa future que j'ai voulu venir m'installer.

PREMIER PAYSAN.

Dites donc, ménétrier?

GRIBICHON.

Après?

PREMIER PAYSAN.

Est-ce qu'il est aussi riche qu'on le dit, le marié?...

GRIBICHON.

Plus riche que ça, il a autant d'argent qu'il en veut... il n'a qu'à se baisser et... en prendre.

TOUS.

Ah!

GRIBICHON.

On dirait qu'il a l'argent de tout le monde à lui seul, c'est chez lui que j'ai gagné de quoi ouvrir ce joli cabaret, et je compte bien que vous y viendrez tous?

TOUS.

Oui, oui.

PREMIÈRE PAYSANNE.

Ah! v'là la mariée...

TOUS.

La mariée... la mariée!...

SCÈNE III.

LES MÊMES, JEANNETTE.

GRIBICHON.

Serviteur, mademoiselle Jeannette.

TOUS.

Bonjour, mademoiselle Jeannette, bonjour, la mariée...

JEANNETTE.

Bonjour, mes amis, bonjour... appelez-moi la mariée... cela me fait croire à la réalité de mon bonheur... il me semble toujours que c'est un beau rêve qui va s'envoler.

GRIBICHON.

Oh! ces jolis yeux-là ne sont pourtant guère endormis.

JEANNETTE.

Cela me paraît si étrange, si merveilleux, que moi, une paysanne, une marchande de fruits à la Halle, je devienne la femme à lui, si beau, si riche, si noble... Quand je m'interroge, je sens bien que je ne rêve pas; mais je crois que je suis folle...

GRIBICHON.

Tenez, Mam'selle, voici quelqu'un qui vous dira que vous avez bien toute votre raison.

JEANNETTE.

Lui?..

GRIBICHON.

Monsieur le comte d'Albaret...

TOUS.

Un comte...

PREMIER PAYSAN.

Comment... un comte?

GRIBICHON.

Oui, mes enfants, je le connais et j'affirme que c'est... un comte, un pur comte.

SCÈNE IV.

LES MÊMES, CARTOUCHE.

TOUS.

Vive monsieur le comte!...

CARTOUCHE.

Merci, merci, bons villageois, je veux que tout le monde fête cette heureuse journée, le cabaret de l'Épée-de-Bois vendra ce matin son vin gratis.

TOUS.

Gratis?..

GRIBICHON, bas.

Gratis!...

CARTOUCHE.

Eh! oui, gratis! tu leur livreras tout ton vin pour rien.

GRIBICHON, à part.

Il veut que je vende au prix coûtant!

CARTOUCHE.

C'est moi qui paye.

TOUS.

Vive monsieur le comte!...

GRIBICHON, à part.

Bon, bon, je me rattraperai autrement! (Il entre avec tous les paysans dans son cabaret.)

CARTOUCHE.

Allez!... Enfin, nous voilà seuls! et je peux t'embrasser, ma bien-aimée Jeannette.

JEANNETTE.

M'embrasser!... (Se dégageant.) pas encore.

CARTOUCHE.

Ne seras-tu pas ma femme aujourd'hui, dans quelques instants?...

JEANNETTE.

C'est vrai... et je ne peux pas vous dire à quel point ce mariage me rend heureuse... Quand je vous ai connu, vous savez, le jour où vous avez pris ma défense; et puis cet autre, où vous avez voulu payer pour moi les fruits qu'on m'avait volés; j'aurais bien voulu que vous ne fussiez qu'un enfant du peuple comme moi... j'étais si loin de penser que vous consentiriez jamais à m'élever jusqu'à vous.

CARTOUCHE.

Tu m'aimais donc déjà?

JEANNETTE.

Oui!... Lorsque j'ai reçu vos adieux, quelques jours après, mon cœur s'est serré comme s'il pressentait un malheur pour vous.

CARTOUCHE.

Tu te trompais... il s'agissait d'une absence, d'un voyage de quelque temps...

JEANNETTE.

Et deux mois plus tard?

CARTOUCHE.

J'étais libre!... libre de te revoir... j'étais à tes genoux, te jurant un amour éternel; mais rien n'a pu vaincre ta vertu, ni protestations, ni serments.

JEANNETTE.

Et comme tout cela n'était qu'une épreuve...

CARTOUCHE.

Une épreuve?...

JEANNETTE.

Oui... pour être bien certain de la sagesse de votre femme. Quand vous avez compris que je vous aimais assez pour donner ma vie pour vous, mais... rien que ma vie...

CARTOUCHE.

Je t'ai dit : Sois ma femme.

JEANNETTE.
Est-ce que j'ai eu tort de rester sage?

CARTOUCHE.
Non, non, tu as bien fait, tu es un ange... Allons, entrez chez vous, ma belle mariée. (Il lui donne un écrin.) Tenez! voilà tout ce qu'il faut pour finir de parer ma charmante petite femme.

JEANNETTE.
Ah! que vous êtes bon.

CARTOUCHE.
Je t'aime! (La conduisant jusqu'à sa porte.) Va, va, ma Jeannette bien-aimée!

JEANNETTE.
A tout à l'heure. (Elle rentre chez elle.)

CARTOUCHE.
A tout à l'heure.

SCÈNE V.

CARTOUCHE, GRIBICHON.

GRIBICHON, qui est entré sur les dernières paroles et s'est tenu au fond.
As-tu fini?...

CARTOUCHE.
Suis-je assez innocent et vertueux?

GRIBICHON.
Tu m'épouvantes! Il y a des instants où j'ai peur que tu ne prennes ton rôle au sérieux...

CARTOUCHE.
Et si cela était?...

GRIBICHON.
Plaît-il?...

CARTOUCHE.
Si j'étais réellement fatigué de vivre, sans cesse en lutte avec la société...

GRIBICHON.
Toi?...

CARTOUCHE.
Si j'avais assez de cette insouciance que je joue en face des nôtres, de cette fausse gaieté qui n'a pas de racines dans mon cœur. Si j'étais las enfin de ces ruses de chaque jour, de ces insomnies de chaque nuit, de ces terreurs, de ces remords!...

GRIBICHON.
Est-ce bien toi qui parles? (Bas.) Toi! le grand Cartouche!

CARTOUCHE.
Le grand Cartouche est malheureux, nous ne sommes grands que par le retentissement de nos forfaits, par la terreur qu'inspire notre nom, ou par des évasions habiles qui retardent de quelques jours, de quelques heures un châtiment terrible! Tiens, le plus misérable de ces honnêtes gens est plus heureux que nous dans nos plus beaux moments d'abondance et de richesse; il mange paisiblement le morceau de pain gagné à la fatigue de ses bras, insouciant et calme, il s'endort rêvant un meilleur lendemain; et c'est si bon, un bon rêve!.. Moi, il y a dix ans que je n'ai dormi de ce paisible sommeil d'autrefois! Ah! si je recommençais ma vie, je me ferais mendiant plutôt que de suivre la même route infâme!

GRIBICHON.
Bravo! Tu es superbe! vrai, tu m'as fait illusion! Je t'ai si bien pris pour un honnête homme... que je t'ai volé ta bourse. (Il la lui montre.)

CARTOUCHE.
Mais tu n'as donc jamais eu un bon mouvement, tu n'as donc jamais éprouvé un bon sentiment pour personne?

GRIBICHON.
Si fait! il y a un homme dont la vie m'est sacrée, dont le bonheur m'est précieux, pour qui je me suis battu deux fois quand j'étais au service, pour qui j'ai volé quand il avait faim, et que je défendrais au péril de ma vie si sa vie était menacée.

CARTOUCHE.
Vraiment! et cet homme?

GRIBICHON.
Cet homme-là, c'est moi.

CARTOUCHE.
Tu n'es qu'un coquin vulgaire! — Enfin, je veux me reposer ici de la vie fatigante que je mène.

GRIBICHON.
Fort bien.

CARTOUCHE.
Si je te dis que je veux dépister les limiers de la justice...

GRIBICHON.
Et passer quelque temps auprès de ta charmante femme... A la bonne heure, je comprends ce mariage; les camarades le comprendront comme moi; ils sont près d'ici, tu le sais, ils veulent assister en masse à la cérémonie.

CARTOUCHE.
J'irai les trouver... et, s'ils y tiennent, je les amènerai; mais je veux être sûr d'eux, et pouvoir les éloigner ensuite.

GRIBICHON.
Soit, nous passerons la lune de miel dans ce village... en attendant que nous recommencions nos exploits. A la bonne heure, je me connais en hommes, et je savais bien que tu ne pourrais pas te séparer de nous... Ce n'est pas moi que tu tromperais, capitaine; je suis...

CARTOUCHE.
Tu es un imbécile... tu m'as fait illusion à ton tour... et je t'ai repris ma bourse... avec la tienne. (Il lui montre les deux bourses.)

GRIBICHON.
La mienne!.. Ah! par exemple!.. (Il veut reprendre sa bourse.)

CARTOUCHE.
Un instant!.. D'où vient celle-là?..

GRIBICHON.
Mais... d'une poche... comme toutes les bourses.

CARTOUCHE.
D'une poche de ce village.

GRIBICHON.
Où la chèvre est attachée...

CARTOUCHE.
Je t'ai défendu de brouter ici.

GRIBICHON.
C'est le seul petit travail que je me sois permis.

SCÈNE VI.

LES MÊMES, CHARLOT, en garçon de cabaret.

CHARLOT.
Dites donc, lieutenant... Oh! le capitaine!..

GRIBICHON.
Lieutenant! capitaine! veux-tu bien te taire!

CHARLOT.
Pardon, lieutenant, j'avais oublié... que fallait pas vous appeler lieutenant, mon lieutenant...

GRIBICHON.
Tais-toi donc, animal!

CHARLOT.
Oui, lieutenant...

GRIBICHON.
Enfin, que veux-tu? que viens-tu faire ici?..

CHARLOT.
J'viens vous dire, capitaine, que ça me taquine d'être dans un régiment où que je ne vois jamais que le feu de la cuisine, et où je ne fais l'exercice qu'avec la cuiller à pot.

CARTOUCHE.
Continue.

CHARLOT.
Et que v'là qu'à c't' heure, au lieu de servir comme corporal, je ne sers que comme couturière ou femme de ménage.

CARTOUCHE.
Assez!

CARTOUCHE, riant.
Comme couturière!

CHARLOT, pleurant.
Eh! oui, que je suis une bonne, quoi, une simple bonne au service du lieutenant, qui me fait démarquer un tas de serviettes et d'autres linges qui ont tous les diverses lettres de l'alphabet.

CARTOUCHE, bas, avec reproche.
Lieutenant Gribichon!..

GRIBICHON.
Dame!.. si tu veux que je vive honnêtement ici, il faut bien que je monte ma maison.

CHARLOT.
Enfin, cap...

CARTOUCHE.
Assez!

CHARLOT.
Mais, lieut...

GRIBICHON.
Assez! (A part.) Il m'ennuie l'imbécile, il faut que je m'en débarrasse. (Haut.) Sais-tu nager, petit?

CHARLOT.
Comme un poisson, lieutenant.

GRIBICHON.
Alors, ce n'est pas ça. Viens, petit... je crois que je te trouverai ton affaire. (Ils sortent.)

SCÈNE VII.

CARTOUCHE, JEANNETTE.

CARTOUCHE.

Eh bien! ma chère Jeannette, et ces bijoux?

JEANNETTE.

C'est mille fois trop beau pour moi... Voyez les superbes parures... je viens vous en remercier.

CARTOUCHE.

Tu me remercieras plus tard, je vais retrouver quelques amis qui m'attendent près d'ici; ils veulent assister à notre mariage, que j'aurais voulu célébrer sans bruit, sans éclat... A bientôt, Jeannette... à bientôt!

SCÈNE VIII.

JEANNETTE, puis FRANÇOIS.

JEANNETTE, suivant Cartouche des yeux.

Sa femme! sa femme!.. Oh! oui, c'est bien un rêve, un beau rêve qui s'accomplit pour moi. Il ne saura jamais à quel point je suis heureuse. Je voudrais pouvoir dire mon bonheur à tout le monde.

FRANÇOIS, arrivant du côté opposé.

Bonjour, mademoiselle Jeannette!

JEANNETTE.

Votre servante, Monsieur.

FRANÇOIS.

Tu m'appelles : Monsieur, à présent!

JEANNETTE, le regardant en face.

François!

FRANÇOIS.

Oh! tu me reconnais donc?.. Alors, je vais te dire bonjour en ami, en frère. (Il l'embrasse.) Bonjour, Jeannette.

JEANNETTE.

Toi, ici?.. et comme tu es changé!

FRANÇOIS.

Vraiment?

JEANNETTE.

Tu es bien mieux qu'autrefois... et ce bel habit! cette tournure...

FRANÇOIS.

Oui, oui, l'habit est changé, mais le cœur est toujours le même.

JEANNETTE

Et je t'en félicite...

FRANÇOIS.

L'esprit aussi... et tu ne m'en félicites pas

JEANNETTE.

C'est l'amour qui t'a transformé comme ça, n'est-ce pas?..

FRANÇOIS.

L'amour? Allons donc!.. j'ai chassé bien loin ces sottes idées-là...

JEANNETTE.

Oui, oui, on les chasse de son esprit, mais elles rentrent par le cœur.

FRANÇOIS.

Chez les autres, c'est possible! Mais pas chez moi, la porte est fermée... je suis guéri.

JEANNETTE.

Vraiment?..

FRANÇOIS.

Tout à fait guéri... Tiens, la preuve : je demeure chez M. de Grandlieu, qui m'a pris dans ses bureaux; je vois tous les jours mademoiselle Louise de Grandlieu, et je ris bien souvent avec le père et la fille de la ridicule folie du petit paysan qui s'avisait d'être amoureux, lui si laid, si pauvre et si bête, d'une fille riche, noble et belle ; ça les amuse quand je leur raconte les rêves stupides que je faisais, et quand je dis à M. de Grandlieu la naïveté que j'avais de m'imaginer qu'un jour mes gros petits enfants en sabots, tout barbouillés de raisinet, auraient pu être les enfants de sa fille à lui, le marquis de Grandlieu, ça l'amuse!.. ça le fait rire! ça le fait rire comme un fou.

JEANNETTE, tristement.

Et toi?

FRANÇOIS.

Moi... je ris aussi... puisque je suis guéri...

JEANNETTE.

Dieu veuille que ce soit vrai.

FRANÇOIS.

Tu ne le crois pas?.. Eh bien! tu te trompes... j'ai une autre passion.

JEANNETTE, vivement.

Un autre amour?...

FRANÇOIS, s'oubliant.

Un autre!... (Reprenant l'air enjoué.) Une autre passion, te dis-je, je suis ambitieux.

JEANNETTE.

Ah!...

FRANÇOIS.

Mais en voilà assez sur mon compte; parlons de toi, Jeannette... Tu te maries?

JEANNETTE.

Oui.

FRANÇOIS.

Et tu ne m'en avais pas prévenu.

JEANNETTE.

Non, mon mari...

FRANÇOIS.

Heureusement tu avais écrit à mademoiselle Louise, et il a été décidé que nous viendrions tous à ta noce

JEANNETTE.

Tous!

FRANÇOIS.

Oui, Louise et M. de Grandlieu sont ici.

JEANNETTE.

Ici!

FRANÇOIS.

Au château, avec un de leurs amis, un beau cavalier, qui est amoureux de mademoiselle Louise.

JEANNETTE, le regardant en face.

Ah! ah!...

FRANÇOIS, la regardant de même.

Oui... Que t'es bête, va!.. puisque je suis ambitieux, je n'ai plus d'amour...

JEANNETTE

Et... ce beau cavalier?...

FRANÇOIS.

C'est un gentilhomme... très-noble... et très-riche... M. le comte d'Orbessan.

JEANNETTE.

Le comte d'Orbessan?... je le connais...

FRANÇOIS.

Il est devenu l'ami de la maison; il accompagne mademoiselle Louise partout : au bal, à la promenade; il est très-beau, lui! Si tu savais comme il lui donne fièrement le bras, comme il écarte impérieusement la foule pour qu'elle puisse passer! Il est très-brave, lui; et quand il parle, comme elle l'écoute avec plaisir, comme elle le regarde en souriant, comme elle applaudit à ses paroles! Il a beaucoup d'esprit, lui... c'est le meilleur mari qu'on puisse lui trouver. Ils seront bien heureux ensemble... Les voici; pas un mot, Jeannette, pas un mot. (Il sort.)

SCÈNE IX.

JEANNETTE, DE GRANDLIEU, LOUISE, D'ORBESSAN.

LOUISE.

Bonjour, Jeannette.

DE GRANDLIEU.

Bonjour, mon enfant.

JEANNETTE.

Votre servante, Monsieur et Mademoiselle.

D'ORBESSAN.

Nous sommes d'anciennes connaissances, mademoiselle Jeannette.

JEANNETTE.

Oui, Monsieur... je me souviens... c'est bien de l'honneur que vous nous faites tous d'avoir daigné venir aujourd'hui.

LOUISE.

Est-ce que je ne suis pas ta camarade d'enfance?

DE GRANDLIEU.

Vous êtes une brave et honnête fille, Jeannette; quand nous avons vu qu'un grand bonheur arrivait à un enfant de notre village, Louise a voulu être témoin de ce bonheur mérité; et comme le service du roi m'appelait dans ce pays, je l'ai amenée avec moi.

D'ORBESSAN.

Mais où est donc le marié? on dit que... c'est un gentilhomme.

JEANNETTE.

Le comte d'Albaret.

D'ORBESSAN.

Je ne connais pas ce nom-là dans le nobiliaire français, et vous, monsieur le marquis?...

DE GRANDLIEU.

Ni moi... N'allez-vous pas nous le présenter, Jeannette?

JEANNETTE.

Il sera ici tout à l'heure, monsieur le marquis...

DE GRANDLIEU.
En ce cas, je vous demande la permission d'entrer chez vous. Je me sens fatigué, et puis... j'ai quelques ordres à expédier... Venez-vous, monsieur le comte.

D'ORBESSAN.
Je suis à vos ordres, monsieur le marquis... (A Louise.) Ne trouvez-vous pas, Mademoiselle, que c'est bien joli, une toilette de mariée?

LOUISE.
Oui, cela sied merveilleusement à Jeannette.

D'ORBESSAN.
Cela va bien à toutes les jeunes et jolies filles, et je suis certain...

LOUISE.
Mon père vous attend, monsieur le comte.

DE GRANDLIEU.
Allons, allons, d'Orbessan.

D'ORBESSAN.
Je vous suis, monsieur le marquis. (Ils entrent chez Jeannette.)

SCÈNE X.
JEANNETTE, LOUISE.

LOUISE, sautant au cou de Jeannette.
Ma bonne Jeannette, que je suis aise de te revoir!

JEANNETTE.
Vous m'aimez donc un peu?

LOUISE.
Si je t'aime!... Est-ce que, sans toi, je n'aurais pas la mort d'un homme à me reprocher!

JEANNETTE.
C'est vrai! ce pauvre François...

LOUISE.
Comme je serais malheureuse, si cela était arrivé.

JEANNETTE.
Il n'a plus de ces vilaines idées?

LOUISE.
Lui?... il n'y a pas de danger.

JEANNETTE, la regardant.
Parce qu'il ne vous aime plus.

LOUISE.
Tu crois?

JEANNETTE.
Il me l'a dit.

LOUISE.
Ah!

JEANNETTE.
Comment?... Est-ce que vous croyez que...

LOUISE.
Oui.

JEANNETTE.
Le pauvre garçon!

LOUISE.
Imagine-toi qu'il répète à chaque instant qu'il est guéri, bien guéri. Mon père le croit, il le croit peut-être lui-même; mais je m'y connais mieux qu'eux, il est plus malade qu'autrefois.

JEANNETTE.
En vérité?

LOUISE.
Mais maintenant il n'en mourra pas.

JEANNETTE.
Ah!

LOUISE.
Au contraire... il arrivera.

JEANNETTE.
A quoi?

LOUISE.
A faire fortune... et à épouser quelque bonne et riche bourgeoise.

JEANNETTE.
Et vous, vous épouserez M. d'Orbessan?..

LOUISE.
Lui ou un autre, comme mon père voudra.

JEANNETTE.
Vous n'aimez donc personne?

LOUISE.
Mais, je n'ai que dix-sept ans. Est-ce que je suis en retard?

JEANNETTE.
Pas encore, mais je vous prédis que l'heure sonnera bientôt.

LOUISE.
Tu seras ma confidente, car nous nous verrons souvent; puisque tu épouses un gentilhomme, te voilà de notre monde. Est-il bien?...

JEANNETTE.
Si bien, si riche, ni noble, que cela me rend toute honteuse; et je me prends à regretter qu'il ne soit pas un simple paysan.

LOUISE.
Quelle folie! Est ce qu'il ne vaut pas mieux devenir une belle dame, avoir de brillantes toilettes, de beaux bijoux... Tiens, tu as un collier pareil au mien.

JEANNETTE.
Vraiment?..

LOUISE.
Quand je dis le mien; je ne l'ai plus; on me l'a volé.

JEANNETTE.
Ah!...

LOUISE.
Il était comme celui-ci, en brillants avec des turquoises. C'est ton mari qui te l'a donnée?..

JEANNETTE.
Oui, avec ces belles boucles d'oreilles...

LOUISE.
Ces boucles d'oreilles!..

JEANNETTE.
Et cette riche châtelaine, et ce ravissant médaillon.

LOUISE.
Cette châtelaine! ce médaillon!..

JEANNETTE.
Qu'avez-vous donc?.. vous voilà toute tremblante!..

LOUISE.
Ce médaillon s'ouvre en poussant un petit ressort secret...

JEANNETTE.
Oui, comme cela.

LOUISE, l'arrêtant.
Attends, et... dans ce médaillon... il y a deux petites figures d'enfant sur un fond d'émail.

JEANNETTE.
Oui... d'où savez-vous cela?...

LOUISE.
D'où je le sais?... ce médaillon m'a été volé!

JEANNETTE, avec effroi.
Volé!...

LOUISE.
Cette châtelaine, ce collier, m'ont été volés.

JEANNETTE.
Non, non, c'est impossible, voyons, regardez-les bien, mademoiselle Louise, vous vous trompez, ces bijoux ne sont pas les vôtres, ce ne sont pas ceux que l'on vous a pris?

LOUISE.
Ce sont eux, te dis-je, je les reconnais bien.

JEANNETTE.
Ce que vous me dites là me bouleverse.

LOUISE.
Ton mari les aura achetés sans savoir d'où ils venaient.

JEANNETTE.
Oui, oui, c'est cela, ce doit être cela... je le crois, j'en suis certaine... et cependant... Oh! mon Dieu, mon Dieu! que je voudrais donc qu'il fût là!

SCÈNE XI.
LES MÊMES, CARTOUCHE.

CARTOUCHE.
Me voilà de retour.

JEANNETTE, poussant un cri.
Ah!...

CARTOUCHE.
Qu'y a-t-il, Jeannette?

JEANNETTE.
Ces bijoux que vous m'avez donnés, qui vous les a vendus?

CARTOUCHE.
Qui... mais... mon orfèvre...

JEANNETTE.
Eh bien!.. ce sont des bijoux volés!

CARTOUCHE, avec force.
Volés!... qui dit cela?

LOUISE.
Mais moi, Monsieur, à qui ils ont été pris...

CARTOUCHE.
Vous.... Mademoiselle?...

LOUISE.
Mademoiselle de Grandlieu.

CARTOUCHE, s'oubliant.
De Grandlieu...

JEANNETTE, à part.
Il a pâli!...

CARTOUCHE, se remettant.

Alors, mon orfévre aura été trompé par quelque adroit fripon. Mais, pardon... vous n'êtes certainement pas seule ici, Mademoiselle?..

LOUISE.

Mon père m'accompagne, Monsieur.

CARTOUCHE, à part.

Son père! (Haut.) Veuillez nous excuser auprès de lui, Mademoiselle. En ce moment on nous attend, ma femme et moi, chez le tabellion. (Il veut prendre la main de Jeannette.)

JEANNETTE.

Non... je n'irai pas avec ces parures... elles me font mal, elles me brûlent... et je veux... (François, d'Orbessan et de Grandlieu rentrent en scène.)

SCÈNE XII.

LES MÊMES, FRANÇOIS, D'ORBESSAN, DE GRANDLIEU.

FRANÇOIS.

Jeannette... (Voyant Cartouche.) Toi! toi, ici!

CARTOUCHE.

François! (Au cri de François, d'Orbessan a reconnu Cartouche, il le désigne à M. de Grandlieu qui s'éloigne pour aller chercher main-forte.)

JEANNETTE.

Que signifie?..

LOUISE.

Vous connaissez M. d'Albaret?..

FRANÇOIS.

D'Albaret! lui, le comte d'Albaret?

JEANNETTE.

Mais sans doute.

CARTOUCHE, à part.

Que faire?..

FRANÇOIS.

Non, Jeannette, non, cet homme n'est pas le comte d'Albaret, cet homme n'est pas ton mari!..

JEANNETTE.

C'est mon mari, François... Mais pourquoi trembles-tu?..

FRANÇOIS.

Pourquoi!..

JEANNETTE.

Pourquoi cette pâleur?..

FRANÇOIS.

Pourquoi... ma pauvre Jeannette... parce que...

CARTOUCHE, bas.

Si tu me nommes, tu vas la tuer...

FRANÇOIS.

La tuer!..

JEANNETTE.

Mais parle, parle donc. Ne vois-tu pas le soupçon qui me brise le cœur? ne vois-tu pas l'anxiété qui me dévore; mais au nom du ciel, parle donc!

FRANÇOIS.

Non, non... je ne peux pas... je... ne peux pas...

D'ORBESSAN.

Je le nommerai, moi!

CARTOUCHE.

D'Orbessan!

JEANNETTE, hors d'elle-même.

Ah! vous le connaissez?.. vous le connaissez?..

D'ORBESSAN.

Oui, certes, je le connais...

JEANNETTE.

Et son nom, son nom?..

D'ORBESSAN.

C'est Cartouche!..

TOUS.

Cartouche!

JEANNETTE.

Cartouche! Cartouche!.. lui! lui!.. c'est... (Poussant un grand cri.) Ah! (Elle tombe.)

CARTOUCHE.

Jeannette!..

DE GRANDLIEU, entrant avec des paysans armés de faux et de fléaux.

Emparez-vous de cet homme; c'est Cartouche!..

CARTOUCHE.

Vous emparer de moi?.. pas encore. (Il donne un coup de sifflet; toute sa bande arrive et repousse les paysans.)

FRANÇOIS.

Ah! mon Dieu!... Jeannette... son cœur ne bat plus!... Ah! misérable! elle en mourra.

CARTOUCHE.

Si elle meurt, d'Orbessan, je la vengerai!

ACTE CINQUIÈME.

HUITIÈME TABLEAU.

Une forêt.

SCÈNE PREMIÈRE.

(Au lever du rideau, plusieurs brigands sont placés en embuscade, d'autres se promènent sur le devant, l'arme au bras.)

GRIBICHON, L'ÉVEILLÉ, DOUBLEMAIN, CHARLOT.

GRIBICHON.

Tout le monde est-il à son poste?

CHARLOT.

Dites donc, lieutenant...

GRIBICHON.

Que veux-tu, animal?

CHARLOT.

Je ne suis pas content, lieutenant...

GRIBICHON.

Parce que?...

CHARLOT.

Je vais vous le dire...

GRIBICHON.

Attends un peu... et approchez, vous autres, pour entendre les griefs de monsieur Charlot.

L'ÉVEILLÉ.

Allons, parle, Charlot, ça nous amusera.

DOUBLEMAIN.

En attendant la besogne...

CHARLOT.

Pour lors, lieutenant, sans vous commander, je vous demanderai d'abord ce que le régiment fait dans c'tte forêt depuis deux jours et deux nuits?

GRIBICHON.

Eh bien!... nous la gardons, cette forêt...

DOUBLEMAIN.

De peur qu'on n'en fasse tort à Sa Majesté Louis XV...

CHARLOT.

Ah!

GRIBICHON.

De plus, nous veillons à la sûreté des voyageurs...

CHARLOT.

Et en quoi donc?

L'ÉVEILLÉ.

Est-ce que tu ne vois pas les camarades embusqués de tous les côtés?...

CHARLOT.

Si fait que je les vois... et je me demande ce qu'ils attendent à l'affût...

GRIBICHON.

Ils attendent les voleurs...

CHARLOT.

Les voleurs?

TOUS.

Les voleurs!

CHARLOT.

Comme ça, c'est peut-être bien encore une bataille que nous allons leur livrer?

GRIBICHON.

Oui... tâche de te distinguer.

CHARLOT.

On tâchera, lieutenant; mais vous m'aviez promis de l'avancement.

GRIBICHON.

Moi?...

CHARLOT.

Mais, oui, et devant le capitaine, encore; même que vous m'avez dit : Je te ferai ton affaire...

GRIBICHON.

Ah! je t'ai dit : Je te ferai ton...

CHARLOT.

Même que vous avez ajouté une chose... que je n'ai comprise que plus tard...

GRIBICHON.

Laquelle, mon garçon?

CHARLOT.

Vous avez ajouté : Sais-tu nager, Charlot?...

GRIBICHON.
Et tu as compris ce que cela signifiait ?...

CHARLOT.
J'ai compris que vous vouliez me pousser dans la marine...

TOUS.
Dans la marine !...

GRIBICHON.
Là, ou autre part, c'est possible... que je voulais te pousser...

CHARLOT.
Eh bien ! quand est-ce que vous me la ferez, hein ?...

GRIBICHON.
Quoi ?...

CHARLOT.
Mon affaire...

GRIBICHON.
Tu y tiens donc ?

CHARLOT.
Mais, oui...

GRIBICHON.
Eh bien ! sois paisible, ça ne tardera pas...

CHARLOT.
Merci bien, mon lieutenant.

VOIX, au fond.
Le capitaine !... le capitaine !...

SCÈNE II.
LES MÊMES, CARTOUCHE.

CARTOUCHE.
Tout le monde à son poste ; mes renseignements sont précis ; aujourd'hui, dans une heure, dans un instant peut-être, ils traverseront cette forêt.

GRIBICHON.
M. d'Orbessan ?...

CARTOUCHE.
Oui, lui !... et le chevalier du guet.

CHARLOT.
M. le chevalier du guet ?... Ah ! tant mieux !... ah ! tant mieux !...

CARTOUCHE.
Pourquoi ?...

CHARLOT.
C'est que je serai enchanté de le voir, de lui parler...

L'ÉVEILLÉ.
Tu veux lui parler, toi ?...

CARTOUCHE.
Et dans quel but ?

CHARLOT.
Mais pour lui demander sa protection...

TOUS.
Sa protection !...

L'ÉVEILLÉ.
Tu veux que le chevalier du guet te protège ?...

CHARLOT.
Eh oui !... Il ne comprend pas ça !

L'ÉVEILLÉ.
Est-il assez idiot ?...

CARTOUCHE.
Emmenez cet imbécile...

CHARLOT.
Le capitaine a raison : emmenez cet imbécile... (Il montre l'Éveillé.)

DOUBLEMAIN.
Allons, viens ; suis-les.

CHARLOT.
Moi aussi... je veux bien... (A part.) Mais je n'abandonne pas mon projet... (Ils sortent.)

SCÈNE III.
CARTOUCHE, GRIBICHON, voleurs en sentinelle, d'autres sur le devant du théâtre.

GRIBICHON.
Quels ordres, capitaine ?

CARTOUCHE.
Approchez tous et écoutez-moi. Il ne s'agit pas cette fois de dépouiller quelque voyageur, il s'agit de venger votre chef, votre compagnon, votre ami... Êtes-vous prêts à me seconder ?...

TOUS.
Oui... oui !...

CARTOUCHE.
Celui que nous attendons ici m'a ravi un bien mille fois plus cher que tous ceux que nous avons jamais ravis nous-mêmes. Il m'a pris la seule affection de mon cœur, la seule joie de mon âme ; et, pour cela, je ne veux pas qu'on le tue, entendez-vous ? C'est à moi que sa vie appartient... je veux jouir de chacune de ses souffrances... je veux savourer chacune de ses tortures... je veux qu'il comprenne bien en mourant la cause de sa mort ; je veux qu'il sache bien que c'est moi qui l'ai condamné, que c'est Cartouche qui le tue...

DOUBLEMAIN, entrant.
Capitaine, le chevalier du guet, suivi d'un détachement de ses hommes, se dirige de ce côté... (Plusieurs voleurs arment leur fusil.)

CARTOUCHE.
Laissez-les passer.

GRIBICHON.
Comment, le chevalier du guet ?...

CARTOUCHE.
Ce n'est pas lui que je veux frapper aujourd'hui... le combat que je lui livrerais mettrait M. d'Orbessan sur ses gardes, et compromettrait ma vengeance.

DOUBLEMAIN.
Ils viennent... les voilà.

CARTOUCHE.
Tenons-nous à l'écart... (Mouvement des voleurs.) Retirez-vous, je le veux. (Tout le monde s'éloigne lentement, on voit paraître, au fond, de Grandlieu, suivi de soldats.)

SCÈNE IV.
D'ORBESSAN, DE GRANDLIEU, SOLDATS, puis CHARLOT.

D'ORBESSAN.
Si vous m'en croyez, monsieur le chevalier du guet, vous ferez faire halte à vos hommes, car cette partie de la forêt est celle qui nous a été signalée comme servant de refuge à la bande de Cartouche.

DE GRANDLIEU.
En ce cas, je ferai fouiller les buissons, les taillis... car il faut qu'à tout prix j'aie raison de ce misérable.

D'ORBESSAN.
Et je promets de vous seconder de mon mieux... (De Grandlieu cause tout bas, avec un lieutenant et donne des ordres ; les soldats se dispersent de différents côtés.)

LE LIEUTENANT, amenant Charlot.
Qui es-tu ?... que fais-tu ici ?...

CHARLOT.
Je suis militaire au service du roi et je demande à parler à monsieur le chevalier du guet.

DE GRANDLIEU.
A moi ?... qu'as-tu à me dire ?...

CHARLOT.
J'ai à vous dire d'abord, monsieur le chevalier, que je ne suis pas du tout content du gouvernement.

D'ORBESSAN.
Hein !... vraiment ?...

DE GRANDLIEU.
Que signifie, drôle ?..

CHARLOT.
C'est pas pour porter cet uniforme-là... (Il montre son habit.) que je me suis engagé...

DE GRANDLIEU.
Cela... un uniforme ?...

D'ORBESSAN.
Voyons, explique-toi donc enfin... tu dis que tu t'es engagé...

CHARLOT.
Mais, oui-da !...

DE GRANDLIEU.
Depuis quand ?...

CHARLOT.
Eh !... depuis six mois bientôt...

D'ORBESSAN.
Et c'est là l'uniforme que l'on t'a donné ?...

CHARLOT.
Et que c'est bien là qui m'enrage...

DE GRANDLIEU.
Qu'est-ce que cela signifie ?...

D'ORBESSAN.
Comment se nomme ton régiment, mon garçon ? ce n'est certes, ni royal-cravate...

CHARLOT.
Il se nomme : royal-bandit, Monsieur.

D'ORBESSAN.
Tu dis ?...

DE GRANDLIEU.
Royal ?...

CHARLOT.
Royal-bandit, quoi... à cause qu'il a pour état d'arrêter les voleurs...

DE GRANDLIEU.
Le drôle veut-il se moquer de nous?... Si je le savais!...

CHARLOT.
Moi!... ah! par exemple!

D'ORBESSAN.
Non, il a l'air trop niais pour cela...

CHARLOT.
Certainement, j'ai l'air trop...

D'ORBESSAN.
J'ai plutôt dans l'idée que c'est une pauvre dupe... dont nous pourrons peut-être tirer quelque chose. Dis-moi où se tiennent d'ordinaire tes camarades?...

CHARLOT.
Mais dame!.. tantôt ici, tantôt ailleurs... ils disent que nous sommes... un camp volant, quoi.

D'ORBESSAN.
Et tu n'es pas content du service?..

CHARLOT.
Pour ça, non, vu que je devrais être sergent, et que je ne suis pas tant seulement corporal, et que pourtant, j'ai pas mal d'états de services.

D'ORBESSAN.
En vérité?.. et... quels sont-ils?..

CHARLOT.
Eh ben, je vas vous les dire, et j'espère que j'aurai de l'avancement.

GRANDLIEU.
Nous t'écoutons...

CHARLOT.
J'ai ma liste... la v'là... (Il tire un papier de sa poche et se met à lire.) Avoir escaladé plusieurs fois des murailles, avec les camarades, pour aller surprendre des voleurs dans les maisons particulières... (D'Orbessan et de Grandlieu se regardent étonnés.)

D'ORBESSAN.
Après?..

CHARLOT.
C'est gentil, pas vrai?..

DE GRANDLIEU.
Continue.

CHARLOT.
S'être introduit dans un appartement, en avoir adroitement ouvert les meubles, et enlevé des bijoux et autres objets volés, pour servir de pièces de conviction contre les filous.

DE GRANDLIEU.
Mais c'est un...

D'ORBESSAN, bas.
Chut!.. (Haut.) Achève, mon ami, achève.

CHARLOT.
Voilà, Monsieur, voilà... vous êtes content, n'est-ce pas?..

D'ORBESSAN.
Après?.. après?..

CHARLOT.
S'être aposté, avec plusieurs autres, sur la grande route, avoir arrêté des voleurs, en chaise de poste, leur avoir enlevé le fruit de leurs rapines, et lesdits voleurs ayant résisté, en avoir tué plusieurs et fait les autres prisonniers.

DE GRANDLIEU.
Il suffit. Maintenant, tu vas nous conduire auprès de tes camarades.

CHARLOT.
Avec plaisir, Messieurs.

D'ORBESSAN.
Ils sont ici, dans cette forêt, n'est-ce pas?...

CHARLOT.
Mais oui...

D'ORBESSAN, bas.
Que vous disais-je?... (Haut.) Conduis-nous donc...

CHARLOT.
C'est peut-être pour échanger le mot d'ordre?... Je le sais aussi, moi, dites-le pour voir...

DE GRANDLIEU.
En voilà assez, marche et conduis-nous...

CHARLOT.
Est-ce qui ne le savent pas, le mot d'ordre?..

DE GRANDLIEU.
Va donc!...

CHARLOT.
Si c'étaient des voleurs, par hasard...

DE GRANDLIEU.
Allons donc!...

CHARLOT.
J'obéis, Messieurs, j'obéis... mais j'aurai l'œil sur eux...

DE GRANDLIEU.
Monsieur d'Orbessan, retournez, je vous prie, jusqu'au bout de cette avenue; c'est là que vous trouverez le carrosse où est ma fille; ordonnez que l'escorte que je lui ai laissée ne la quitte pas, et tranquillisez la pauvre enfant.

D'ORBESSAN.
J'obéis, Monsieur, et je vous rejoins aussitôt, car je prévois que nous ne serons pas venus ici pour rien. (Ils sortent; resté seul.) Que le reste de l'escorte ne quitte pas Louise, a-t-il dit... Il vaudrait mieux, je pense, à présent que nous avons la certitude que Cartouche et ses bandits sont près d'ici, il vaudrait mieux que Louise retournât sur ses pas... Oui, c'est l'ordre que je vais donner. (Cartouche, Gribichon et plusieurs voleurs, cachés derrière les arbres, reparaissent en scène. Cartouche fait un signe, plusieurs hommes se jettent sur d'Orbessan, le désarment et lui attachent les mains derrière le dos; celui-ci se débat, un des brigands va le frapper, plusieurs autres le menacent; Cartouche s'élance au milieu d'eux.)

CARTOUCHE.
Arrêtez!... vous savez bien que c'est de ma main seulement que cet homme doit mourir!... (Appelant.) Lieutenant!

GRIBICHON.
Capitaine?...

CARTOUCHE.
Suis avec eux la piste de M. le chevalier du guet... Qu'on me laisse seul avec M. d'Orbessan... allez...

GRIBICHON.
Mais, capitaine...

CARTOUCHE.
Obéissez... (Tous sortent, excepté Cartouche et d'Orbessan.)

SCÈNE V.
CARTOUCHE, D'ORBESSAN.

CARTOUCHE.
Je te tiens, enfin, d'Orbessan... l'heure est venue pour toi de trembler.

D'ORBESSAN.
Trembler... parce que tu vas me tuer?... Crois-tu que cette pensée m'épouvante. Allons, choisis : j'attends un coup de poignard ou une balle de pistolet...

CARTOUCHE.
Oh! patience! patience! Je veux savourer ma vengeance; je veux jouir de ton supplice...

D'ORBESSAN.
Ah! c'est pour cela qu'ils m'ont désarmé... garrotté?

CARTOUCHE.
Votre justice, à vous autres, ne nous désarme-t-elle pas, avant de nous juger et de nous frapper?... Eh bien! aujourd'hui, c'est moi qui suis le juge et le bourreau; c'est moi qui condamne et qui frappe... (Il tire son épée.)

D'ORBESSAN.
Hâte-toi, misérable... (Il lui présente sa poitrine.)

CARTOUCHE, avec ironie.
Tu crains donc bien la souffrance, que tu es si pressé de mourir?...

D'ORBESSAN.
Moi?... Je te défie de m'arracher une larme, de me faire pousser un cri...

CARTOUCHE.
Même si, avant de te tuer, je te frappe le visage de mon épée?

D'ORBESSAN.
Même si tu fais cela... (Avec calme.) L'insulte de Cartouche ne montera pas jusqu'à moi...

CARTOUCHE.
Ah! je te forcerai de demander grâce à genoux.

D'ORBESSAN.
Tu ne le pourras pas.

CARTOUCHE.
Même si je te laboure la poitrine avec la pointe de mon épée?

D'ORBESSAN.
Essaye.

CARTOUCHE.
Eh bien?..

D'ORBESSAN.
Essaye donc, te dis-je, et tu me verras sourire à la douleur, plutôt que de déshonorer devant toi le nom de mes ancêtres; essaye... et tu ne me verras ni chanceler, ni pâlir... Cartouche... Et quand viendra le jour du supplice, interroge les battements

de ton cœur, écoute les cris de malédiction que t'arrachera la souffrance; compare ta mort avec la mienne, et tu comprendras ce que c'est qu'un châtiment et ce que c'est qu'un martyre.

CARTOUCHE.

Ce châtiment, tu n'en seras pas le témoin... Finissons-en!.. (Il s'approche de lui, l'épée haute.)

SCÈNE VI.

LES MÊMES, FRANÇOIS.

FRANÇOIS.

Arrête, tu ne le tueras pas!

CARTOUCHE.

François, éloigne-toi!.. ma vengeance ne s'effacera pas devant toi; ma colère et ma haine ne se fondront pas devant un souvenir d'enfance!.. J'ai juré la mort de cet homme!..

FRANÇOIS.

Et moi, j'ai juré de le sauver!..

D'ORBESSAN.

Merci, camarade.

CARTOUCHE.

Mais celui que tu veux défendre n'est pas seulement mon ennemi, c'est le tien, François.

D'ORBESSAN.

Moi!..

FRANÇOIS.

Mon ennemi!..

CARTOUCHE.

Que tu l'arraches de mes mains, et il épousera Louise de Grandlieu que tu aimes...

D'ORBESSAN.

Que dit-il?..

FRANÇOIS.

Eh bien! oui, je l'aime, mais je l'aime en honnête homme, entends-tu?.. Je l'aime assez pour vouloir son bonheur plus que le mien; et puisqu'elle doit être heureuse avec lui, je veux qu'il vive.

CARTOUCHE.

Tu es fou!..

FRANÇOIS.

Oh! tu ne comprends pas cet amour-là; mais il le comprend, lui, et il vivra...

CARTOUCHE.

Arrière, te dis-je!...

FRANÇOIS.

Non, non!.. tu veux le tuer, comme tu as fait mourir la pauvre Jeannette...

CARTOUCHE.

Jeannette!... ah! tu as eu tort de me rappeler ce souvenir, je veux qu'il meure...

FRANÇOIS.

Et moi, je veux qu'il vive, quand je devrais le tuer pour ça. (Il lui présente un pistolet.)

D'ORBESSAN.

Brave cœur!..

FRANÇOIS.

Allons, allons, bas les armes, Cartouche, bas les armes!...

CARTOUCHE.

Non.

FRANÇOIS.

Bas les armes, te dis-je, ou je jure devant Dieu que je te tue... je te tue sans pitié... (Il lui met le pistolet sur la gorge.)

CARTOUCHE.

Allons, je suis vaincu... (Il jette son épée. François se baisse pour la ramasser; au même moment Cartouche tire un couteau de sa poche, l'ouvre et en frappe François à la poitrine.)

FRANÇOIS.

Ah!...

D'ORBESSAN.

Misérable!... Et je ne puis briser ces liens... (Il essaye de se dégager.)

CARTOUCHE.

François... c'est... c'est toi qui m'y as forcé...

FRANÇOIS, arrachant le couteau de sa blessure et le regardant.

Ah!... c'est... c'est le mien, Dominique...

CARTOUCHE.

Le tien...

FRANÇOIS.

Oui, c'est mon pauvre petit couteau... Ce n'était pas pour cela que je te l'avais donné... (Il s'appuie contre d'Orbessan.)

CARTOUCHE.

François...

D'ORBESSAN, s'asseyant de façon à soutenir sur son genou la tête de François, après que celui-ci s'est laissé glisser à terre.

Pauvre François!... et c'est pour me défendre... pour me sauver... (Tous les soldats rentrent en scène, avec M. de Grandlieu et Louise. — Les voleurs accourent auprès de Cartouche. — Les soldats, sous les ordres de M. de Grandlieu, les entourent de toutes parts et les tiennent en joue ; désignant Cartouche.)

DE GRANDLIEU.

Arrêtez ce misérable !

LOUISE, entrant et courant à François.

Mon père... François... (Un des domestiques qui accompagnent Louise détache les liens de d'Orbessan.)

Vous ici!... près de moi! vous Louise!

D'ORBESSAN.

Oui, elle qui vous aime, et qui prie Dieu de vous laisser vivre pour l'aimer...

FRANÇOIS.

Oh! je vivrai! je vivrai!

CARTOUCHE, qui s'est approché de lui.

François.. je ne lutterai plus!.. je ne tenterai plus de m'évader... je vais mourir... je te le jure... (Lui tendant la main.) François, ne veux-tu pas me pardonner?

FRANÇOIS.

Je te pardonne, Dominique...

CARTOUCHE.

Merci! et maintenant, partons! (Gribichon se traîne à plat ventre du côté du souterrain.)

On peut encore se tirer de là! (Charlot sort du souterrain et présente deux pistolets à Gribichon.)

Essayez-y donc, mon lieutenant...

GRIBICHON.

Comment, brigand, c'est toi qui m'arrêtes?

CHARLOT.

Dame, pisque nous sommes chargés d'arrêter les voleurs.

CARTOUCHE.

Marchons!

FIN.

18 **En Vente, chez MICHEL LÉVY FRÈRES, Libraires-Éditeurs.**

LE THÉATRE CONTEMPORAIN ILLUSTRÉ

CHOIX DES PRINCIPALES PIÈCES JOUÉES SUR LES THÉATRES DE PARIS.

IL PARAIT UNE OU DEUX LIVRAISONS PAR SEMAINE.
Chaque Livraison contient une Pièce. Prix : 20 centimes.

IL PARAIT UNE SÉRIE TOUS LES MOIS.
Chaque Série contient cinq Pièces. Prix : 1 franc.

CHAQUE PIÈCE SERA PUBLIÉE AVEC UN DESSIN REPRÉSENTANT UNE DES PRINCIPALES SCÈNES DE L'OUVRAGE.

PIÈCES EN VENTE :

1re SÉRIE. — PRIX : 1 FRANC.
- Le Chiffonnier de Paris 20
- La Closerie des Genêts 40
- Une Tempête dans un verre d'eau
- Le Morne au Diable 40
- Pas de fumée sans feu ....

2e SÉRIE. — PRIX : 1 FRANC.
- Trois Rois, trois Dames 20
- La Marâtre 40
- La Ferme de Primerose ....
- Le Chevalier de Maison-Rouge. 40
- L'Habit vert. ....

3e SÉRIE. — PRIX : 1 FRANC.
- Benvenuto Cellini. 40
- Frisette ....
- Clarisse Harlowe 20
- La Reine Margot 40
- Jean le Postillon. ....

4e SÉRIE. — PRIX : 1 FRANC.
- La Foi, l'Espérance et la Charité. 40
- Le Bal du Prisonnier........
- Hamlet 40
- Le Lait d'ânesse..........
- Hortense de Blengie........ 20

5e SÉRIE. — PRIX : 1 FRANC.
- Le fils du Diable.......... 40
- Une Dent sous Louis XV....
- Le Livre noir 40
- Midi à quatorze heures........
- La Petite Fadette............ 20

6 SÉRIE. — PRIX : 1 FRANC.
- La Vie de Bohême........... 40
- Graziella...............
- La Chambre rouge......... 40
- Un Jeune Homme pressé......
- Le Docteur noir............ 20

7e SÉRIE. — PRIX : 1 FRANC.
- Martin et Bamboche.......... 40
- Les deux Sans-Culottes........
- Les Mystères du Carnaval...... 40
- Croque-Poule...............
- Une Fièvre brûlante........ 20

8e SÉRIE. — PRIX : 1 FRANC.
- Bataille de Dames........... 20
- Le Pardon de Bretagne....... 40
- La Parjure de Jules Denis....
- Paris qui dort.............. 40
- Paris qui s'éveille..........

9e SÉRIE. — PRIX : 1 FRANC.
- Intrigue et Amour.......... 40
- Marchand de Jouets d'Enfants..
- Gentil Bernard............ 40
- Jobin et Nanette.............
- Le Collier de Perles......... 20

10e SÉRIE. — PRIX : 1 FRANC.
- Le Bourgeois de Paris....... 20
- Contes de la Reine de Navarre. 40
- Qui se dispute s'adore.......
- Marie Simon.............. 40
- La Famille Poisson..........

11e SÉRIE. — PRIX : 1 FRANC.
- Les Nuits de la Seine....... 40
- Un Garçon de chez Véry.....
- Un Chapeau de Paille d'Italie.. 20
- L'Oncle Tom. 40
- Chasse au Lion. ....

12e SÉRIE. — PRIX : 1 FRANC.
- Berthe la Flamande. 40
- Un Mari qui n'a rien à faire.
- Le Testament d'un Garçon. . . 20
- La Chatte Blanche. 40
- L'Amour pris aux cheveux. . .

13e SÉRIE. — PRIX : 1 FRANC.
- Le Courrier de Lyon. 40
- Par les fenêtres. ....
- Le Roi de Rome. 20
- Un Mr qui suit les femmes. . . 40
- La Terre promise. ....

14e SÉRIE. — PRIX : 1 FRANC.
- Les Sept Péchés capitaux . . . 40
- La Tête de Martin. ......
- Le Sage et le Fou. 20
- Le Muet. 40
- Un Merlan en bonne fortune. .

15e SÉRIE. — PRIX : 1 FRANC.
- Les Quatre fils Aymon. 20
- Scapin. ....
- Un Premier Coup de canif. . . 20
- Roquelaure 50
- Une Nuit orageuse. .....

16e SÉRIE. — PRIX : 1 FRANC.
- La Mendiante.............. 40
- La Tonelli... ....
- Les Avocats............... 20
- Marianne 40
- Une Charge de cavalerie. . . .

17e SÉRIE. — PRIX : 1 FRANC.
- Les Coulisses de la vie. 40
- Un Ami acharné ....
- La Bergère des Alpes. 40
- Les Paniers de la Couronne. .
- Marie ou l'inondation. 20

18e SÉRIE. — PRIX : 1 FRANC.
- Les Sept Merveilles du Monde 40
- Un Coup de Vent. ....
- Notre-Dame de Paris. 40
- Les Lundis de Madame. ....
- Le Château des Sept-Tours. . 20

19e SÉRIE. — PRIX : 1 FRANC.
- Les Mystères de l'Été...... 40
- Voyage autour d'une jolie femme
- Le Cœur et la Dot. 40
- Un Ut de Poitrine. ......
- Léonard le Perruquier. 20

20e SÉRIE. — PRIX : 1 FRANC.
- Les Sept Merveilles du No 7. 40
- L'Ami François. ....
- Les Kulers de Paris. 40
- Atala.................
- La Nuit du Vendredi Saint.... 20

21e SÉRIE. — PRIX : 1 FRANC.
- Les Cosaques.............. 40
- Un Monsieur qu'on n'attendait pas
- Bertram le Matelot......... 40
- L'Amour au Daguerréotype...
- Irène ou le Magnétisme....... 20

22e SÉRIE. — PRIX : 1 FRANC.
- Les Mystères de Londres.... 40
- Un Vilain Monsieur.........
- Le Lys dans la Vallée 40
- Un Homme entre deux Airs...
- La Forêt de Sénart.......... 20

23e SÉRIE. — PRIX : 1 FRANC.
- Catilina................... 40
- Théodore...................
- Le Voile de Dentelle......... 40
- Les Fureurs de l'Amour.....
- Les Folies dramatiques...... 20

24e SÉRIE. — PRIX : 1 FRANC.
- La Comtesse de Sennecey.... 40
- Edgard et sa bonne.........
- Manon Lescaut............. 40
- Les Mémoires de Richelieu....
- L'Ane mort.............. 20

25e SÉRIE. — PRIX : 1 FRANC.
- Le Vieux Caporal.......... 40
- Diane de Lys et de Camélias..
- M. Joseph Prudhomme....... 40
- Le Roman d'une Heure.......
- Thérèse ou Ange et Diable.... 20

26e SÉRIE. — PRIX : 1 FRANC.
- Paris qui pleure, Paris qui rit. 40
- Le Chêne et le Roseau.......
- Les Orphelines de Valneige... 20
- Marie-Rose............... 40
- L'Ambigu en habits neufs....

27 SÉRIE. — PRIX : 1 FRANC.
- Un Notaire à marier......... 40
- Les Rendez-Vous bourgeois. .
- L'Honneur de la Maison. . . . 40
- Le Laquais d'Arthur.. .....
- L'Argent du Diable. 20

28e SÉRIE. — PRIX : 1 FRANC.
- La Boisière. 40
- Quand on attend sa bourse. . .
- Le Ciel et l'Enfer. 40
- Souvent Femme varie.......
- Gastibelza. 20

29e SÉRIE. — PRIX : 1 FRANC.
- Schamyl. 40
- Deux Femmes en gage. ....
- L'Armée d'Orient. 40
- Où passerai-je mes soirées?. .
- Les Gaîtés champêtres 20

30e SÉRIE. — PRIX : 1 FRANC.
- La Bonne Aventure. 40
- En bonne fortune. ....
- Gusman le Brave. 40
- Ce que vivent les roses. ....
- Les Oiseaux de la Rue. 20

31e SÉRIE. — PRIX : 1 FRANC.
- Le Prophète. 40
- Un Vieux de la Vieille Roche.
- Echec et Mat. 40
- Mademoiselle Rose. ......
- Louise de Nanteuil. 20

33e SÉRIE. — PRIX : 1 FRANC.
- La Prière des Naufragés. 40
- Un Mari en 150. ....
- Les 500 Diables. 40
- A Clichy. ....
- Harry-le-Diable. 20

33e SÉRIE. — PRIX : 1 FRANC.
- Boccace ou le Décaméron.... 40
- Cerisette en prison. ......
- La Vie d'une Comédienne.... 40
- Le Manteau de Joseph......
- Le chevalier d'Essonne...... 20

34e SÉRIE. — PRIX : 1 FRANC.
- Georges et Marie. 40
- Sous un bec de gaz. .....
- Les Souvenirs de Jeunesse. . . 40
- York. ....
- Lully. 20

35e SÉRIE. — PRIX : 1 FRANC.
- Marthe et Marie 40
- Une Femme qui se grise ...
- L'Enfant de l'Amour 40
- Le Sourd ....
- Le Marbrier. 20

36e SÉRIE. — PRIX : 1 FRANC.
- Les Oiseaux de Proie 40
- Un Feu de cheminée ......
- La Croix de Marie 40
- Le Chevalier coquet .....
- Hortense de Cerny 20

37e SÉRIE. — PRIX : 1 FRANC.
- Paris. 40
- La mort du Pêcheur ......
- Un mauvais Riche. 40
- Dans les vignes. ....
- Le Gant et l'Eventail. 20

38e SÉRIE. — PRIX : 1 FRANC.
- L'Histoire de Paris. 40
- Pygmalion. ....
- Salvator Rosa. 40
- Un Cœur qui parle .....
- Le Vicaire de Wakefield. 20

39e SÉRIE. — PRIX : 1 FRANC.
- Les grands Siècles 40
- Le Devin du Village ....
- Le Donjon de Vincennes..... 40
- Les jolis Chasseurs........
- Le Théâtre des Zouaves...... 20

40e SÉRIE. — PRIX : 1 FRANC.
- Le Moulin de l'Ermitage 40
- Les derniers Adieux ....
- Le Gâteau des Reines....... 40
- Une pleine eau..........
- Aimer et mourir 20

41e SÉRIE. — PRIX : 1 FRANC.
- Le sergent Frédéric 40
- Le Duel de mon Oncle .....
- La Florentine. 40
- Jeanne Mathieu. ....
- Le Songe d'une nuit d'hiver ... 20

42e SÉRIE. — PRIX : 1 FRANC.
- Les Noces vénitiennes. 40
- L'Héritage de ma Tante ....
- Le Sire de Framboisy. 40
- L'Homme sans Ennemis ....
- La Chasse au Roman 20

43e SÉRIE. — PRIX : 1 FRANC.
- Le Paradis perdu 40
- En manches de chemise ....
- Les Maréchaux de l'Empire . . 40
- Elodie. ....
- Lucie Didier 20

44e SÉRIE. — PRIX : 1 FRANC.
- Le Masque de poix. 40
- L'Amour et son train. .....
- Jocelyn le garde-côte. 40
- Le Bal d'Auvergnats. ....
- Le Démon du Foyer 20

45e SÉRIE. — PRIX : 1 FRANC.
- Aventures de Mandrin. 40
- Dieu merci, le couvert est mis.
- L'Oiseau de Paradis........ 40
- Si j'étais riche. ....
- Donnez aux pauvres 20

46e SÉRIE. — PRIX : 1 FRANC.
- Le Médecin des enfants 40
- Médée ....
- Le Pendu 40
- Mon Isménie. ....
- Les Fanfarons de vice 20

47e SÉRIE. — PRIX : 1 FRANC.
- Marie Stuart en Écosse. 40
- Les Bâtons dans les roues. .
- Le Fils de la Nuit. 40
- Les 7 Femmes de Barbe-Bleue.
- Un Roi malgré lui. 20

48e SÉRIE. — PRIX : 1 FRANC.
- Les Zouaves. 40
- Le Jour du Frotteur ......
- Le Marin de la garde 40
- Sous les Pampres ....
- Un Voyage sentimental. ... 20

49e SÉRIE. — PRIX : 1 FRANC.
- Les Pauvres de Paris 40
- As-tu tué le mandarin? ....
- Les Parisiens. 40
- Schahabaham II. ....
- Les Piéges dorés. 20

50e SÉRIE. — PRIX : 1 FRANC.
- Jane Grey. 40
- La Bonne d'enfant ......
- L'Avocat des Pauvres. 40
- Les Suites d'un premier lit. .
- Les Toilettes tapageuses 20

51e SÉRIE. — PRIX : 1 FRANC.
- Fualdès 40
- Grassot embêté par Ravel ...
- Cléopâtre. 40
- Les Toquades de Borromée ..
- Rose et Marguerite! 20

52e SÉRIE. — PRIX : 1 FRANC.
- Jérusalem. 40
- Les Cheveux de ma femme. .
- Le Secret des Cavaliers 40
- Six Demoiselles à marier. ...
- Le docteur Chiendent. 20

53e SÉRIE. — PRIX : 1 FRANC.
- La Reine Topaze. 40
- Le 66. ....
- Le Château des Ambrières ... 40
- Roméo et Mariette. ......
- L'échelle de Femmes. 20

54e SÉRIE. — PRIX : 1 FRANC.
- La fausse Adultère. 40
- Madame est de retour .....
- La Route de Brest 40
- Le Secret de l'oncle Vincent.
- Croquefer 20

55e SÉRIE. — PRIX : 1 FRANC.
- Les Gens de théâtre 40
- Une Panthère de Java. ....
- Les Orphelins du pont N.-Dame. 40
- Le Jour de la Blanchisseuse. .
- Le Fils de l'Aveugle 20

56e SÉRIE. — PRIX : 1 FRANC.
- Les Orphelines de la Charité. . 40
- La Rose de Saint-Flour. ...
- Le Pressoir 40
- Fais la cour à ma femme. ..
- Les Lanciers 20

57e SÉRIE. — PRIX : 1 FRANC.
- Jean de Paris. 40
- Un Chapeau qui s'envole. ..
- La belle Gabrielle. 40
- Zerbine ....
- Les Princesses de la rampe. . . 20

58e SÉRIE. — PRIX : 1 FRANC.
- L'Aveugle. 40
- Un fameux Numéro. ......
- Les deux Faubouriens. 40
- Polka et Bamboche ......
- Dalila et Samson. 20

59e SÉRIE. — PRIX : 1 FRANC.
- Michel Cervantes 40
- L'Opéra aux fenêtres .....
- André Gérard. 40
- Une Soubrette de qualité ....
- Le Prix d'un Bouquet. 20

60e SÉRIE. — PRIX : 1 FR.
- Les Chevaliers du brouillard.. 40
- Le Roi boit. ....
- L'Amiral de l'escadre bleue. . 40
- Vent du soir. ....
- Roméo et Juliette. 20

61e SÉRIE. — PRIX : 1 FR.
- Si j'étais roi. 40
- La Dame aux jambes d'azur. .
- Les Viveurs de Paris. 40
- La Médée de Nanterre. ....
- On demande un gouverneur. . . 20

62e SÉRIE. — PRIX : 1 FR.
- La Bête du bon Dieu. 40
- Brin d'amour. ....
- William Shakspeare. 40
- Une minute trop tard. ....
- Le Télégraphe électrique. ... 20

63e SÉRIE. — PRIX : 1 FR.
- La Filleule du chansonnier. . . 40
- Pénicault le somnambule. ...
- La Comtesse de Novailles. ... 40
- Avez-vous besoin d'argent. ..
- Un Enfant du siècle. 20

64e SÉRIE. — PRIX : 1 FR.
- Les Filles de marbre. 40
- Le Cousin du roi. ....
- Les Noces de Bouchencœur. . 40
- Les Jeux innocents. ......
- L'Anneau de fer. 20

LAGNY. — Imprimerie de VIALAT.

www.ingramcontent.com/pod-product-compliance
Lightning Source LLC
Chambersburg PA
CBHW060713050426
42451CB00010B/1421